COLEÇÃO

INTELIGÊNCIA ARTIFICIAL

GUIA PARA SER UM ENGENHEIRO DE PROMPT

VOLUME 1

Prof. Marcão – Marcus Vinícius Pinto

Aviso de isenção de responsabilidade:

Observe que as informações contidas neste documento são apenas para fins educacionais e de entretenimento. Todos os esforços foram feitos para fornecer informações completas precisas, atualizadas e confiáveis. Nenhuma garantia de qualquer tipo é expressa ou implícita.

Ao ler este texto, o leitor concorda que, em nenhuma circunstância, os autores são responsáveis por quaisquer perdas, diretas ou indiretas, incorridas como resultado do uso das informações contidas neste livro, incluindo, mas não se limitando, a erros, omissões ou imprecisões.

ISBN: **9798344030173**

Selo editorial: Independently published

Sumário

Seja bem-vindo!

A inteligência artificial (IA) já é parte integrante da transformação tecnológica que vivemos, moldando o futuro em ritmo acelerado e impactando diversos setores de nossa sociedade.

Dentro desse vasto ecossistema, surge a Engenharia de Prompt como uma área crítica e estratégica para a eficácia dos sistemas de IA. Este livro, "Guia para ser um Engenheiro de Prompt – Volume 1", integra a coleção "Inteligência Artificial: O Poder dos Dados", disponível na Amazon, oferecendo aos leitores uma abordagem detalhada e acessível sobre os princípios que governam a criação e a otimização de prompts eficazes.

A coleção foi cuidadosamente desenvolvida para cobrir aspectos essenciais da IA e auxiliar profissionais de diferentes áreas a dominar esta habilidade emergente e cada vez mais demandada.

A "Engenharia de Prompt" é uma técnica que parece simples à primeira vista, mas que contém nuances complexas e fundamentais para o sucesso das interações com modelos de IA.

Ao longo deste livro, cada conceito foi selecionado por sua relevância no universo da IA e pela sua capacidade de impactar diretamente o resultado das interações com sistemas inteligentes.

Aqui, o leitor encontrará explicações detalhadas e suficientes para dominar os principais desafios da criação de prompts, com uma linguagem clara e objetiva, ideal tanto para iniciantes quanto para profissionais que buscam se aprofundar.

Este guia é destinado a uma ampla gama de profissionais. Cientistas de dados, desenvolvedores de software, engenheiros de IA e gestores de projetos de inovação encontrarão nele ferramentas valiosas para potencializar suas habilidades na formulação de prompts.

Profissionais de diversas áreas, desde o marketing digital até a saúde, poderão aproveitar as lições aqui apresentadas para melhorar suas interações com tecnologias baseadas em IA.

O livro também é indicado para estudantes e entusiastas de tecnologia que desejam construir uma base sólida na Engenharia de Prompt.

Os elementos centrais da engenharia de prompt, que incluem a clareza, a especificidade e a adaptação ao contexto, são descritos em profundidade, ilustrando como um romptbem elaborado pode fazer a diferença entre uma resposta eficaz e um resultado irrelevante.

Ao longo do livro, enfatizamos as características que definem um prompt eficaz e os benefícios da Engenharia de PromptUm bom prompt tem o potencial de economizar tempo, recursos e otimizar processos de negócios.

Profissionais dessa área precisam possuir um arsenal de ferramentas e técnicas essenciais que os capacitem a atuar em diferentes domínios de aplicação, como saúde, e-commerce, educação e muitos outros.

Além disso, abordamos a trilha de aprendizado que forma um engenheiro de prompt bem-sucedido, incluindo aspectos como a criação de prompts, a compreensão da linguagem, e a empatia, habilidades essenciais para construir interações mais naturais e precisas entre humanos e IA.

Outro ponto crucial é a arte da iteração. A interação com a IA, assim como o aprendizado humano, é um processo contínuo de aprimoramento.

Cada resposta de um sistema de IA fornece insumos para ajustar os prompts, tornando-os mais precisos e alinhados aos objetivos. Essa iteração exige, por parte do engenheiro de prompt, não apenas afinidade com a tecnologia, mas também um profundo desenvolvimento de soft skills como empatia e capacidade de comunicação.

A complexidade da inteligência artificial exige profissionais preparados para construir prompts eficientes, claros e éticos, e este livro é o primeiro passo para quem deseja se destacar nesse campo. A inteligência artificial tem o potencial de transformar o mundo, e os prompts que criamos são as chaves para liberar todo o seu poder.

Boa leitura e uma jornada repleta de descobertas.

Boa leitura!

Bons aprendizados!

Prof. Marcão - Marcus Vinícius Pinto

Mestre em Tecnologia da Informação
Especialista em Tecnologia da Informação.
Consultor, Mentor e Palestrante sobre Inteligência Artificial,
Arquitetura de Informação e Governança de Dados.
Fundador, CEO, professor e
orientador pedagógico da MVP Consult.

1 Conceitos básicos: desvendando os mistérios da engenharia de prompt.

No contexto da inteligência artificial, a engenharia de prompt surge como uma ferramenta poderosa para que possamos dominar ar o potencial dos modelos de linguagem.

Em inteligência artificial, um "prompt" refere-se a uma instrução ou sugestão fornecida ao modelo de IA para direcionar sua geração de texto.

O prompt é uma entrada específica dada ao modelo para influenciar a resposta que ele irá gerar. Ele pode ser uma frase, uma pergunta, um comando ou qualquer outra informação que sirva como ponto de partida para a geração de texto pelo modelo de IA.

O uso de prompts é comumente encontrado em aplicações de processamento de linguagem natural, como chatbots, assistentes virtuais e sistemas de geração de texto.

Através da formulação de instruções precisas e eficazes, essa disciplina permite moldar o comportamento desses sistemas, guiando-os na geração de respostas relevantes, informativas e criativas.

1.1 O que é Engenharia de Prompt?

A "engenharia de prompt" é uma prática na área de inteligência artificial que envolve a escolha cuidadosa e o ajuste de prompts para direcionar o comportamento de modelos de IA.

Essa técnica visa otimizar a capacidade de um modelo de IA em gerar respostas precisas e relevantes em conjunto com um prompt específico.

A engenharia de prompt é especialmente útil em modelos de linguagem, como os modelos GPT (Generative Pre-trained Transformer), onde a escolha do prompt pode influenciar significativamente a qualidade da saída gerada pelo modelo.

Os engenheiros de prompt podem ajustar a formulação do prompt, a escolha de palavras-chave, a estrutura da pergunta e outras configurações para obter respostas mais adequadas e coerentes.

Diferentemente dos modelos tradicionais de Machine Learning, os Large Language Models (LLMs) oferecem a capacidade exclusiva de fornecer novos insights sem a necessidade de retreinamento.

Essa inovação catalisou uma onda transformadora, permitindo que indivíduos programassem computadores sem esforço através de instruções simples de texto.

A engenharia de prompt é uma técnica para direcionar as respostas de um LLM para resultados específicos sem alterar os pesos ou parâmetros do modelo, baseando-se apenas em instruções estratégicas no contexto. Isso implica a arte de se comunicar efetivamente com a IA para obter os resultados desejados.

Esse método é aplicado em um espectro de tarefas, variando de perguntas e respostas a raciocínios aritméticos. Serve como uma ferramenta para explorar os limites e potenciais dos LLMs.

1.2   Elementos centrais da Engenharia de Prompt.

Os elementos centrais da engenharia de prompt focam em otimizar a interação entre um modelo de inteligência artificial e o usuário, por meio da formulação adequada de prompts que direcionam o comportamento do modelo.

A escolha cuidadosa do prompt é essencial para obter resultados precisos e relevantes do modelo de IA proporcionando uma comunicação mais eficaz e natural.

A engenharia de prompt envolve a compreensão do objetivo da interação, a definição de uma linguagem clara e adequada, a identificação de palavras-chave ou conceitos-chave que o modelo deve considerar e a elaboração de uma estrutura de prompt que oriente a resposta desejada.

Assim, é possível ajustar e personalizar a interação com modelos de IA maximizando sua capacidade de compreensão e geração de respostas relevantes.

A engenharia de prompt é uma prática essencial para garantir que os modelos de IA atendam às necessidades do usuário e forneçam resultados precisos e úteis em uma ampla variedade de aplicações.

Diversos pesquisadores e autores contribuíram para o avanço da engenharia de prompt, oferecendo insights valiosos sobre essa área em constante desenvolvimento.

Alguns autores que se destacam neste contexto são Yannic Kilcher, Scott Reed, Emily M. Bender, Liu Pengfei e Elvis Saraiva.

para PLN (Processamento de Linguagem Natural), uma descrição formal de prompt seria assumir uma entrada x, geralmente texto, e prevermos uma saída y com base em um modelo $P(y|x; \theta)$. y pode ser um rótulo, texto ou outra variedade de saída.

Para aprender os parâmetros θ deste modelo, usamos um conjunto de dados contendo pares de entradas e saídas, e treinamos um modelo para prever essa probabilidade condicional. Vamos ilustrar isso com dois exemplos estereotipados.

Primeiro, a classificação de texto registra um texto de entrada x e prevê um rótulo y de um conjunto fixo de rótulos Y. Para exemplificar, a análise de sentimento (Pang et al., 2002; Socher et al., 2013) assumem uma entrada x = "Eu amo esse filme." e preveem um rótulo y = ++, de um conjunto de rótulos Y = {++, +, ~, -, --}.

Em segundo lugar, a geração condicional de texto assume uma entrada x e gera outro texto y. Um exemplo é a tradução automática (Koehn, 2009), onde a entrada é o texto em um idioma, como o finlandês x = "Hyvää huomenta." e a saída é o inglês y = "Good morning.".

1.3   Um prompt eficaz.

Um prompt eficaz deve ser:
- Claro e Conciso. O prompt deve ser escrito de forma clara e concisa, evitando ambiguidades e termos desnecessários. Isso facilita a compreensão do modelo de linguagem e garante que ele se concentre nos aspectos mais relevantes da tarefa.

- Informativo e Contextualizado. O prompt deve fornecer ao modelo de linguagem todas as informações relevantes para a execução da tarefa. Isso inclui dados, exemplos e instruções específicas sobre o que se espera do modelo.

- Adaptado ao Domínio. O prompt deve ser adaptado ao domínio da tarefa em questão. Isso significa utilizar terminologia específica e incorporar conhecimentos contextuais relevantes para o modelo de linguagem ter um bom desempenho.

A engenharia de prompt abre um leque de possibilidades para a utilização dos modelos de linguagem, indo além da simples tradução de textos.

Através de prompts criativos e desafiadores, o engenheiro de prompt pode estimular a geração de:

- Poemas. Imagine um engenheiro de prompt inspirando um modelo de linguagem a criar poemas que expressam as emoções mais profundas da alma humana.

- Roteiros. A engenharia de prompt abre portas para a criação de roteiros cinematográficos envolventes e originais, impulsionando a indústria do entretenimento.

- Músicas. A arte de formular prompts permite a composição de músicas que encantam os ouvidos e tocam o coração, elevando a experiência musical a um novo patamar.

- Conteúdo Criativo. A engenharia de prompt torna possível a geração de diversos tipos de conteúdo criativo, desde peças publicitárias até artigos de blog informativos.

1.4   Benefícios da Engenharia de Prompt.

A adoção da engenharia de prompt traz consigo uma gama de benefícios que aprimoram significativamente a experiência com os modelos de linguagem:

- Maior Controle e Previsibilidade. A engenharia de prompt oferece ao usuário um maior controle sobre o comportamento do modelo de linguagem, permitindo obter resultados mais precisos e previsíveis.

- Expansão das Possibilidades Criativas. Através da engenharia de prompt, os modelos de linguagem se tornam ferramentas poderosas para a criação de conteúdo criativo e original, abrindo novas fronteiras para a expressão artística e a comunicação.

- Aprimoramento da Comunicação e Colaboração. A engenharia de prompt facilita a comunicação entre humanos e modelos de linguagem, permitindo uma colaboração mais eficaz e produtiva em diversas tarefas.

- Aumento da Eficiência e Produtividade. Ao direcionar o modelo de linguagem para tarefas específicas, a engenharia de prompt contribui para o aumento da eficiência e produtividade, otimizando o tempo e os recursos utilizados.

1.5 Objetivos da Engenharia de Prompt.

A engenharia de prompt persegue diversos objetivos que visam aprimorar o desempenho e a versatilidade dos modelos de linguagem.

Entre os principais objetivos, podemos destacar:

- Aumentar a Precisão e Relevância das Respostas. Através de prompts bem estruturados, o engenheiro de prompt garante que o modelo de linguagem se concentre nos aspectos mais relevantes da tarefa em questão, evitando respostas irrelevantes ou imprecisas.

- Melhorar a Fluência e Coerência do Texto. A engenharia de prompt contribui para a geração de textos mais fluidos e coesos, livres de erros gramaticais e inconsistências. O engenheiro de prompt molda o estilo e a estrutura do texto, garantindo que a comunicação seja clara e agradável ao leitor.

- Promover a Criatividade e a Originalidade. A engenharia de prompt abre portas para a exploração da criatividade dos modelos de linguagem. Através de prompts desafiadores e inspiradores, o engenheiro de prompt pode estimular a geração de poemas, roteiros, músicas e outros conteúdos criativos com alto nível de originalidade.

- Adaptar o Modelo a Diferentes Domínios. A engenharia de prompt permite adaptar o modelo de linguagem para atender às necessidades de diferentes áreas do conhecimento. Através do uso de terminologia específica e da incorporação de conhecimentos contextuais, o engenheiro de prompt garante que o modelo opere com eficiência em diversos domínios, desde a medicina até o direito.

1.6 Requisitos para ser um engenheiro de prompt bem-sucedido.

Para ser um engenheiro de prompt bem-sucedido, é necessário um conjunto específico de habilidades e atributos, envolvendo competências técnicas, criativas e analíticas.

Abaixo estão os principais requisitos que alguém aspirando a essa posição deve atender ou buscar desenvolver.

1. Forte Entendimento de IA e Modelos de Linguagem.

- Profundo conhecimento de como funcionam os modelos de produção de texto, como o GPT-4.

- Compreensão dos princípios de machine learning e redes neurais.

2. Habilidades de Programação.

- Familiaridade com linguagens de programação relevantes para o trabalho com IA, como Python.

- Habilidade para trabalhar com APIs de IA e integração de sistemas.

3. Capacidades de Formulação de Prompt Eficazes.

- Habilidade para escrever prompts claros, concisos e direcionados que induzam a IA a gerar a saída desejada.

- Compreensão de como diferentes formulações podem influenciar os resultados gerados pelo modelo.

4. Habilidades Analíticas.

- Capacidade de analisar e interpretar as saídas da IA para garantir a precisão e relevância.

- Aptidão para ajustar e refinar os prompts com base nos resultados para melhoria contínua.

5. Conhecimento de Ética em IA e Considerações sobre Vieses.

- Consciência sobre ética na IA e os impactos sociais da tecnologia.

- Comprometimento em promover a equidade e evitar o reforço de estereótipos ou preconceitos.

6. Criatividade e Solução de Problemas.

- Criatividade para explorar novas formas de interação com a IA e para solucionar problemas incomuns.

- Habilidade de pensar fora da caixa e desenvolver prompts inovadores que superem desafios específicos.

7. Excelente Comunicação e Colaboração Interdisciplinar.

- A capacidade de comunicar efetivamente com uma equipe multidisciplinar, incluindo cientistas da computação, especialistas em conteúdo e stakeholders.

- Habilidade para colaborar com outros profissionais para desenvolver estratégias de interação com IA que sejam eficientes e eficazes.

8. Compromisso com a Aprendizagem Contínua.

- Como a área de inteligência artificial está em constante evolução, é crucial um compromisso com o aprendizado contínuo para se manter atualizado com as últimas tendências e técnicas.

- Flexibilidade para se adaptar a novas ferramentas, tecnologias e métodos conforme eles emergem no campo da IA.

9. Gestão de Projetos e Organização.

- Capacidade de gerenciar múltiplos projetos e priorizar tarefas em ambientes dinâmicos e muitas vezes com prazos apertados.

- Atenção detalhada e habilidades organizacionais para documentar os processos de trabalho e resultados de maneira sistemática.

10. Foco no Usuário e Empatia.

- O design do prompt deve sempre ter em mente o usuário final; entender suas necessidades e como a interação com a IA pode resolver seus problemas é essencial.

- Capacidade de se colocar no lugar do usuário para criar experiências que sejam intuitivas e satisfatórias.

11. Capacidade de Testar e Iterar.

- Afinco em testar os prompts extensivamente para identificar falhas ou áreas de melhoria.

- Disposição para iterar sobre feedback e resultados, refinando continuamente a qualidade e eficácia das interações.

12. Inteligência Emocional.

- Habilidade de gerenciar suas próprias emoções e compreender as emoções dos outros para melhorar a colaboração com a equipe e a criação de prompts que ressoem com os usuários.

Ser um engenheiro de prompt exige uma combinação de destrezas técnicas e aptidões interpessoais. A engenharia de prompt bem-sucedida não se trata apenas de entender os meandros do modelo de IA, mas também de aplicar esse conhecimento de maneira ética e responsável para criar interações que sejam benéficas, claras e acessíveis para todos os usuários.

1.7   Riscos ao se ter prompts incorretos.

A criação de prompts incorretos ou mal formulados pode acarretar vários riscos e implicações negativas tanto em ambientes controlados quanto no uso prático por usuários finais.

A seguir detalho os principais riscos associados a prompts incorretos em interações com sistemas de inteligência artificial baseados em linguagem natural, como o GPT-4.

1. Resultados Inexatos ou Irrelevantes.

- Prompts mal elaborados podem levar a respostas que não correspondem à intenção do usuário, tornando-se inúteis ou, pior, fornecendo informações incorretas que podem ser usadas inadequadamente.

2. Falhas de Comunicação.

- Comunicação ineficaz através do prompt pode resultar em mal-entendidos, especialmente em situações críticas onde instruções precisas e claras são essenciais.

3. Prejuízo a Decisões Baseadas em Dados.

- Se as saídas geradas pelo sistema forem baseadas em prompts incorretos, as decisões tomadas a partir desses dados poderão ser falhas, levando a consequências indesejáveis em situações de negócios, pesquisa ou mesmo no contexto de segurança pública.

4. Vieses e Discriminação.

- Prompts que inadvertidamente reforçam estereótipos ou preconceitos podem perpetuar vieses e levar a discriminação, minando os princípios éticos e legais.

5. Impactos na Educação e Aprendizagem.

- No contexto educacional, prompts incorretos podem conduzir a aprendizagem equivocada, solidificando conceitos errados e dificultando o processo educativo.

6. Desgaste da Confiança do Usuário.

- A consistência de resultados imprecisos ou sem relevância pode erodir a confiança dos usuários na eficácia da IA prejudicando a adoção e aceitação de tecnologias úteis.

7. Custos Operacionais Aumentados.

- Na esfera empresarial, tempo e recursos adicionais podem ser exigidos para corrigir os impactos de outputs gerados por prompts inadequados, o que gera um custo indireto e diminui a eficiência operacional.

8. Riscos Legais e de Conformidade.

- Prompts mal construídos que levem a IA a gerar conteúdo difamatório, invasivo ou que viole regulamentações podem expor as organizações a riscos legais e consequentes sanções.

9. Segurança Comprometida.

- No contexto da segurança cibernética, prompts inadequados podem resultar na geração de informações sensíveis ou no manejo inadequado de dados, abrindo brechas para ataques ou vazamentos de informações.

10. Percepções Públicas Negativas.

- O público pode desenvolver uma visão negativa da IA e da tecnologia em geral se frequentemente forem expostos a resultados frustrantes ou ofensivos derivados de prompts mal formulados.

11. Sobrecarga Cognitiva.

- Usuários podem sofrer de sobrecarga cognitiva ao tentar interpretar e corrigir resultados inesperados ou confusos, diminuindo a usabilidade do sistema.

12. Impactos Sociais Adversos.

- Se usada em larga escala, a IA com prompts mal calibrados pode reforçar crenças nocivas ou espalhar desinformação, com potencial de afetar negativamente o discurso público e a coesão social.

Priorizar a precisão e clareza na engenharia de prompts é, portanto, vital para maximizar os benefícios e minimizar os riscos associados ao uso de tecnologia de IA.

Investir tempo e recursos no desenho, teste e refinamento de prompts pode ajudar a prevenir muitas das consequências negativas acima e assegurar uma interação eficaz e segura com tecnologias de inteligência artificial.

1.8   O engenheiro de prompt.

O termo "engenheiro de prompt" não é um título profissional convencional, mas parece ser uma combinação de "engenheiro" e "prompt", que pode referir-se a alguém especializado em criar e otimizar 'prompts' ou comandos para sistemas de inteligência artificial, como o GPT-4.

Vamos quebrar o termo:

1. Engenheiro. Esta é uma pessoa que aplica os princípios de ciência e matemática para desenvolver soluções técnicas para problemas, seja projetando um novo produto, sistema ou processo.

2. Prompt. No contexto de inteligência artificial, um 'prompt' é uma instrução ou input que se dá a um sistema como o GPT-4 para incitar uma resposta ou ação.

Portanto, um "engenheiro de prompt" é um profissional que trabalha com inteligência artificial, mais especificamente, alguém que entende profundamente como interagir com sistemas de IA para obter as melhores respostas e resultados.

Ele pode desenhar prompts que são claros, concisos e direcionados para melhorar a qualidade das respostas geradas por um modelo de IA. Além disso, um engenheiro de prompt pode trabalhar para otimizar essas interações para diferentes finalidades, como aumentar a eficiência de chatbots, sistemas de recomendação, assistentes virtuais etc.

Esse papel é importante em contextos em que a qualidade do prompt pode significativamente influenciar a qualidade da saída gerada pelo modelo de IA exigindo uma boa compreensão tanto das capacidades do sistema quanto das necessidades do usuário final.

A expressão "engenheiro de prompt" pode não ser amplamente reconhecida como um termo histórico no contexto da engenharia ou da ciência da computação, uma vez que "prompt" geralmente se refere a uma linha de comando ou mensagem de texto em interfaces de usuário que indica ao usuário que o sistema está pronto para receber uma entrada.

No entanto, em relação à inovação em sistemas interativos como os prompts de comando, então pode-se considerar que engenheiros de software e designers de sistemas têm desempenhado papéis cruciais desde os primeiros dias da computação.

Os primeiros engenheiros de computação e programadores desenvolveram sistemas operacionais e interfaces de linha de comando que podiam aceitar comandos textuais de operadores humanos.

Desde essa época, houve muitas evoluções na forma como as interfaces aceitam e respondem a entradas, desde simples prompts de texto em sistemas operacionais como UNIX e DOS até a complexa interação com assistentes virtuais baseados em inteligência artificial, como os que são desenvolvidos pela OpenAI.

2 O arsenal do engenheiro de prompt: ferramentas e técnicas essenciais.

Para dominar a arte da engenharia de prompt, é fundamental dominar um conjunto abrangente de ferramentas e técnicas.

Entre as principais, podemos destacar:

1. Compreensão profunda dos modelos de linguagem. É crucial entender o funcionamento interno dos modelos de linguagem, suas capacidades e limitações. Esse conhecimento permite a criação de prompts mais alinhados com as características e o potencial de cada modelo.

2. Domínio da linguagem natural. Uma excelente proficiência na linguagem natural é essencial para elaborar prompts claros, concisos e sem ambiguidades. Isso garante que os modelos interpretem as instruções corretamente e executem as tarefas com precisão.

3. Criatividade e flexibilidade. A engenharia de prompt exige um toque de criatividade e flexibilidade para adaptar os prompts às diferentes situações e necessidades. Essa habilidade permite explorar todo o potencial dos modelos de linguagem em diversos contextos.

4. Capacidade de análise e otimização. Um bom engenheiro de prompt é capaz de analisar os resultados gerados pelos modelos e identificar áreas de melhoria. Através da otimização contínua dos prompts, é possível alcançar resultados cada vez mais aprimorados.

2.1 Domínios de Atuação. Onde a Engenharia de Prompt Faz a Diferença.

A engenharia de prompt encontra aplicação em diversos setores, impulsionando avanços em áreas como:

1. Desenvolvimento de Chatbots e Assistentes Virtuais. Prompts eficazes são essenciais para criar chatbots e assistentes virtuais que podem conversar com os usuários de forma natural e fornecer informações relevantes.

2. Geração de Conteúdo. A engenharia de prompt pode ser utilizada para gerar diversos tipos de conteúdo, como artigos, roteiros, poemas e até mesmo código, otimizando o tempo e a produtividade.

3. Tradução Automática. Através de prompts precisos, os modelos de linguagem podem traduzir idiomas com maior fluência e precisão, quebrando barreiras linguísticas e facilitando a comunicação global.

4. Análise de Dados. A engenharia de prompt permite extrair insights valiosos de grandes conjuntos de dados, auxiliando na tomada de decisões mais assertivas em diversos setores.

5. Pesquisa Científica. A aplicação da engenharia de prompt na pesquisa científica abre um leque de possibilidades para análise de dados, geração de hipóteses e até mesmo a descoberta de novos conhecimentos.

2.2   Afinidade com tecnologia.

A afinidade e a familiaridade com a tecnologia são fundamentais no campo da engenharia de prompt, pois possibilitam uma utilização mais eficiente e criativa dos recursos que os modelos de inteligência artificial oferecem.

Aqui estão algumas razões pelas quais estes conhecimentos são úteis:

1. Entendimento de limitações e possibilidades. Ter um entendimento básico da IA facilita a percepção das capacidades do sistema, ajudando a estruturar prompts que aproveitam ao máximo o que o modelo pode fazer.

2. Adaptação a novas funcionalidades. Os modelos de IA estão em constante evolução. A compreensão das novas funcionalidades permite aos engenheiros de prompt adaptar seus métodos para incorporar esses avanços.

3. Resolução de problemas. Uma base sólida em tecnologia permite aos engenheiros de prompt diagnosticar e solucionar problemas que surgem de interações inesperadas ou respostas inadequadas do modelo.

4. Comunicação eficiente. Compreendendo conceitos de IA e possuindo termos técnicos, os engenheiros podem se comunicar de maneira mais eficaz com desenvolvedores e outros técnicos ao discutir melhorias e modificações nos modelos.

5. Desenvolvimento de ferramentas. A afinidade com a tecnologia pode levar à criação de ferramentas e aplicativos que facilitam o design de prompts, a análise de respostas e o gerenciamento de workflows de engenharia de prompt.

6. Segurança e privacidade. Entender as implicações tecnológicas permite aos engenheiros de prompt considerar a segurança e a privacidade dos usuários ao projetar prompts, evitando o processamento de dados sensíveis de maneira inadequada.

Embora uma base em ciências da computação ou programação possa ser muito vantajosa, o que é essencial é a capacidade de aprender e a curiosidade para se manter atualizado com as tecnologias emergentes.

Mesmo para aqueles sem background técnico formal, há uma riqueza de recursos disponíveis, desde documentação online, tutoriais interativos e cursos, até comunidades de tecnologia e IA.

Uma abordagem proativa no aprendizado autônomo e a participação nessas comunidades podem ajudar a superar a curva de aprendizado e manter a paridade com as inovações na área.

Além disso, aqui estão algumas ações práticas para aqueles que buscam melhorar sua afinidade com a tecnologia e a IA:

1. Educação online e cursos. Inúmeras plataformas oferecem cursos que abrangem desde fundamentos de IA até aspectos avançados da tecnologia.

   Esses cursos são frequentemente projetados para se adequar a diferentes níveis de habilidade e áreas de interesse.

2. Workshops e webinars. Participar de workshops e webinars ajuda a se manter informado sobre os últimos desenvolvimentos e oferece a oportunidade de aprender diretamente com experts na área.

3. Projeto de hands-on. Nada substitui a experiência prática. Trabalhar em projetos reais permite aplicar conhecimentos teóricos e compreender melhor como interagir com sistemas de IA.

4. Colaboração com pares. Trabalhar com outros entusiastas de IA pode ajudar a trocar conhecimento, desenvolver novas habilidades e enfrentar desafios com um suporte colaborativo.

5. Leitura e pesquisa constantes. Apoiar-se em artigos científicos, blogs especializados, e seguir influenciadores de AI nas redes sociais ou plataformas profissionais são maneiras excelentes de se manter informado.

6. Contribuir para projetos de código aberto. Envolver-se com a comunidade de código aberto pode aumentar exponencialmente a exposição ao desenvolvimento real e às melhores práticas em IA.

7. Conferências e eventos de IA. Eventos da indústria podem ser uma mina de ouro para o aprendizado, networking e a descoberta das últimas notícias e pesquisas em IA.

8. Certificações. Obter certificações de IA de organizações reconhecidas pode formalizar o conhecimento e habilidades adquiridas e também acrescentar credibilidade ao seu perfil profissional.

Ter uma base em tecnologia não só potencializa a capacidade de criar prompts eficazes como também contribui para uma visão estratégica da aplicação da inteligência artificial em diversas situações do mundo real.

Com isso em mente, é importante reconhecer que a afinidade com a tecnologia também inclui a compreensão dos impactos éticos e sociais das interações de IA e a responsabilidade do design.

2.3   Observação ativa.

A observação ativa é uma prática poderosa para o desenvolvimento profissional, especialmente no campo da tecnologia e inteligência artificial.

Ao observar atentamente como outros profissionais abordam problemas e aplicam soluções tecnológicas, você pode obter insights valiosos, aprender novas técnicas e estratégias, e expandir sua perspectiva sobre a engenharia de prompt.

Aqui estão alguns benefícios e dicas para praticar a observação ativa.

Benefícios da Observação Ativa:

1. Aprendizado contextualizado. Ao observar profissionais experientes em ação, você pode ver como teoria e prática se conectam no mundo real, proporcionando uma compreensão mais aprofundada e contextualizada.

2. Identificação de melhores práticas. Observar como outros resolvem problemas pode ajudá-lo a identificar melhores práticas, estratégias eficazes e abordagens inovadoras que podem ser aplicadas em seus próprios projetos.

3. Aprimoramento de habilidades. Observar diferentes estilos de trabalho e abordagens pode ajudá-lo a aprimorar suas habilidades técnicas, de resolução de problemas e colaboração com colegas.

4. Inspirar criatividade. A observação ativa pode inspirar sua criatividade e pensamento crítico, estimulando novas ideias e soluções para desafios complexos.

Dicas para Praticar a Observação Ativa:

1. Participe de reuniões e workshops. Esteja presente em reuniões, workshops e sessões de brainstorming para observar como outros profissionais interagem, colaboram e resolvem problemas em equipe.

2. Estude projetos de sucesso. Analise casos de estudo e projetos bem-sucedidos para compreender as estratégias e decisões tomadas pelos profissionais envolvidos.

3. Networking e mentoria. Busque oportunidades de networking e mentoria para estar em contato com profissionais experientes que possam compartilhar insights valiosos sobre suas práticas e experiências.

4. Experimente ferramentas e técnicas. Ao observar, não hesite em experimentar novas ferramentas, técnicas e abordagens que tenha visto em ação. A prática hands-on pode solidificar seu aprendizado e ajudá-lo a incorporar as lições aprendidas de forma mais eficaz.

5. Feedback e reflexão. Após observar e experimentar novas abordagens, busque feedback de colegas, mentores ou profissionais experientes. Reflita sobre o que funcionou bem, o que pode ser melhorado e como você pode aplicar essas aprendizagens em seus próprios projetos.

6. Mantenha-se atualizado. Esteja atento às tendências e desenvolvimentos no campo da tecnologia e inteligência artificial. Acompanhe palestras, conferências, cursos e materiais de estudo para se manter atualizado e ampliar seu conhecimento.

7. Estabeleça metas de aprendizado. Defina metas claras e específicas para sua observação ativa. Determine o que você deseja aprender e focar em áreas que contribuam para o seu crescimento profissional.

8. Seja curioso e aberto ao aprendizado. Cultive uma mentalidade aberta, curiosa e receptiva ao aprendizado contínuo. Esteja disposto a explorar novas ideias, abordagens e tecnologias para expandir seus horizontes e enriquecer sua base de conhecimento.

Ao praticar a observação ativa de forma intencional e receptiva, você pode adquirir insights valiosos, descobrir novas perspectivas e aprimorar suas habilidades profissionais no campo da engenharia de prompt e inteligência artificial.

Essa prática pode ser uma fonte poderosa de aprendizado e desenvolvimento, complementando outras estratégias de aprimoramento de competências interpessoais e técnicas.

A afinidade com a tecnologia para quem trabalha com engenharia de prompt vai além da compreensão técnica; ela envolve uma mentalidade curiosa, um compromisso com o aprendizado contínuo e uma paixão por todas as coisas relacionadas à tecnologia e seu potencial para resolver problemas e melhorar vidas.

Estar bem-versado em tecnologia não é apenas sobre entender os bits e bytes, mas também sobre ver o quadro maior e estar na vanguarda de moldar o futuro de como a IA interage com a sociedade.

2.4   Experimentação com diferentes tecnologias.

Experimentar e ganhar experiência com diferentes tecnologias além da inteligência artificial é fundamental para desenvolver uma compreensão mais ampla e holística do panorama tecnológico.

Aqui estão algumas maneiras pelas quais a experimentação com diversas tecnologias pode beneficiar seu trabalho na área de engenharia de prompt e IA:

1. Integração de sistemas. Ao experimentar com tecnologias relacionadas, como bancos de dados, aplicativos de nuvem, ferramentas de desenvolvimento web, entre outras, você adquire uma visão mais completa de como esses sistemas interagem e se integram.

2. Ampliação da caixa de ferramentas. Quanto maior for o seu conhecimento e experiência em diferentes tecnologias, mais ferramentas e recursos você terá à sua disposição para resolver problemas complexos e criar soluções inovadoras.

3. Abordagem interdisciplinar. A inteligência artificial muitas vezes se beneficia da interseção com outras disciplinas, como estatística, matemática, ciência de dados, engenharia de software, entre outras. Experimentar com tecnologias variadas pode expandir seus horizontes e promover uma abordagem interdisciplinar em seus projetos de IA.

4. Resolução de problemas abstratos. A experimentação com diferentes tecnologias pode ajudá-lo a desenvolver habilidades de resolução de problemas abstratos e a pensar de forma mais criativa e inovadora.

5. Aprendizado por descoberta. Muitas vezes, a melhor maneira de aprender é através da prática e da experimentação. Ao se aventurar em novas tecnologias, você adquire novas habilidades e conhecimentos de maneira prática e tangível.

6. Adaptação a novas ferramentas. Estar familiarizado com uma variedade de tecnologias o torna mais ágil e capaz de se adaptar rapidamente a novas ferramentas e ambientes de trabalho.

7. Networking e colaboração. Experimentar com diferentes tecnologias pode expandir sua rede profissional, permitindo que você se conecte com profissionais de diferentes áreas e em diferentes projetos, fomentando a colaboração e a troca de conhecimento.

Para começar a experimentar com diferentes tecnologias, você pode explorar cursos online, tutoriais, workshops, projetos práticos, participação em hackathons e até mesmo colaboração em projetos de código aberto.

Esteja aberto a sair da sua zona de conforto, testar novas ferramentas e tecnologias, e aproveitar cada experiência como uma oportunidade de aprendizado e crescimento profissional.

A diversidade de conhecimentos e habilidades adquiridas por meio da experimentação com diferentes tecnologias certamente beneficiará seu trabalho no campo da engenharia de prompt e inteligência artificial.

3 Trilha de aprendizado.

Se tornar um engenheiro de prompt envolve o desenvolvimento de habilidades em várias áreas, incluindo linguagem, programação, entendimento das tecnologias de IA e, claro, experiência prática com a formulação de prompts.

Aqui está uma trilha de aprendizado detalhada para aspirantes a engenheiros de prompt.

3.1.1 Fase 1. Fundação.

1. Compreensão Básica de IA e Aprendizado de Máquina.

   - Cursos introdutórios online (ex.: Coursera, edX, Khan Academy).

   - Leitura de livros e artigos fundamentais.

   - Entendimento de conceitos como aprendizado supervisionado, não supervisionado e por reforço.

2. Programação e Análise de Dados.

   - Aprenda Python ou outra linguagem de programação relevante para IA.

   - Adquirir habilidades em bibliotecas como NumPy, Pandas e Scikit-learn.

3. Habilidades de Comunicação.

   - Prática de escrita criativa e técnica.

   - Cursos de redação online ou workshops.

3.1.2   Fase 2. Desenvolvimento de Habilidades.

1. Compreensão Avançada de Modelos de Linguagem.

   - Estudar em detalhes o processamento de linguagem natural (PLN) e modelos como o GPT e BERT.

   - Realizar cursos específicos sobre algoritmos de IA para PLN e sua implementação.

2. Práticas de Engenharia de Software.

   - Familiarizar-se com ferramentas de versionamento de código (ex.: Git).

   - Entender métodos ágeis e práticas de desenvolvimento de software.

3. Experiência com interfaces de linha de comando (CLI) e APIs.

   - Experimentar com APIs de serviços de IA como OpenAI, Google Cloud AI, IBM Watson e Microsoft Cognitive Services.

   - Prática regular usando a CLI para melhorar a precisão de instruções e comandos.

3.1.3   Fase 3. Especialização.

1. Estudo de Casos.

   - Analisar exemplos do mundo real onde a engenharia de prompt é utilizada.

- Participar de fóruns e comunidades online para discutir estratégias e abordagens neste campo.

2. Aprendizado Prático e Experimental.

- Inicie projetos de prática de formulação de prompts com modelos de linguagem disponíveis.

- Realize experimentos e avalie os resultados para ajustar e refinar sua abordagem.

3. Colaboração e Networking.

- Participe de hackathons, workshops e conferências relacionadas à IA e PLN.

- Conecte-se com profissionais da área, construa relacionamentos e compartilhe experiências para expandir sua rede.

3.1.4   Fase 4. Aprofundamento e Especialização.

1. Estudo de Tópicos Avançados.

- Explore áreas específicas de interesse, como ética em IA, desenvolvimento de modelos de linguagem personalizados, ou pesquisa em PLN avançada.

- Avance sua compreensão dos modelos de IA e das técnicas mais recentes no campo.

2. Contribuições à Comunidade.

- Compartilhe seu conhecimento e experiência em blogs, artigos acadêmicos, ou apresentações em eventos da comunidade.

- Colabore em projetos de código aberto relacionados à engenharia de prompt para expandir seu impacto e aprendizado.

3. Mentoria e Orientação.

- Busque mentores na área de engenharia de prompt para orientação e conselhos.

- Considere mentorar outros aspirantes a engenheiros de prompt para solidificar seu próprio entendimento e habilidades.

A trilha de aprendizado para se tornar um engenheiro de prompt é um processo contínuo e em constante evolução, exigindo aprendizado contínuo, prática diligente e uma abordagem investigativa e inovadora para atender às demandas desse emocionante campo da inteligência artificial.

4   O Papel Fundamental do Engenheiro de Prompt.

O papel do engenheiro de prompt é essencial na navegação do complexo ecossistema da Inteligência Artificial (IA). Como o mestre de uma embarcação, este profissional guia as interações com as ondas do algoritmo, usando perguntas e comandos como seu leme e vela.

Vamos aprofundar o papel do engenheiro de prompt, oferecendo dicas práticas e exemplos concretos para ilustrar como este papel é desempenhado com destreza.

Dica 1. Clareza e concisão são chave.

Um bom engenheiro de prompt sabe que a clareza e a concisão são vitais para a comunicação eficaz com um modelo de IA. Evite ambiguidades e seja específico no que você pede.

Por exemplo, em vez de dizer: "Dê-me algumas informações sobre carros", um engenheiro de prompt qualificado diria: "Liste cinco vantagens e desvantagens dos veículos elétricos em comparação com os veículos a gasolina."

Dica 2. Compreenda o contexto e o modelo.

Para criar prompts eficazes, é preciso entender não só o objetivo do usuário, mas também como o modelo de IA opera.

Por exemplo, se um usuário quer informações sobre a dinâmica de voo dos pássaros, um engenheiro de prompt não apenas pede: "Explique como os pássaros voam", mas acrescenta especificidades para refinar a resposta: "Explique os princípios aerodinâmicos que permitem a um pássaro manter o voo sustentado, focando em asas fixas versus articuladas."

Dica 3. Ser estratégico com a formulação de perguntas.

Formular a pergunta correta é uma arte que envolve estratégia.

Por exemplo, se pretende-se estimular uma discussão detalhada, em vez de perguntar "O que é inteligência artificial?", o engenheiro de prompt pode escolher perguntar: "Quais são os diferentes ramos da inteligência artificial, e como cada um contribui para o desenvolvimento do campo?"

Dica 4. Aprenda com a experimentação e o feedback.

Um engenheiro de prompt experimenta constantemente com diferentes formas de expressar um prompt, aprendendo com a maneira como o modelo de IA responde a cada variação.

A experimentação envolve ajustar a linguagem, o comprimento do prompt e a especificidade da informação solicitada. Por exemplo, ao pedir uma resposta criativa, um prompt inicial pode ser "Crie uma história curta sobre uma viagem espacial".

Com base nas respostas, o engenheiro pode ajustar o prompt para "Escreva um conto de ficção científica onde os personagens descobrem uma nova forma de vida em sua primeira viagem a Marte", caso busque uma narrativa mais focada.

Feedbacks do usuário e a análise das respostas ajudam a refinar ainda mais os prompts para futuras interações.

Dica 5. Tenha em mente as limitações do modelo.

Conhecer as limitações do modelo de IA com o qual você está trabalhando é crucial. Isso permitirá que você ajuste os prompts para evitar pedir ao modelo algo que ele não pode fornecer.

Se um modelo não tem informações atualizadas sobre eventos recentes, por exemplo, seria ineficaz pedir a ele um relatório detalhado sobre a notícia mais recente.

Em vez disso, o engenheiro de prompt poderia utilizar um prompt que focasse em informação histórica ou tendências consolidadas que estão dentro das capacidades do modelo.

Dica 6. Esteja preparado para iterar.

Raramente um primeiro prompt é perfeito. Esteja disposto a iterar e refinar suas perguntas.

Se um prompt para um resumo de um artigo científico gera uma resposta superficial, talvez você precise especificar: "Forneça um resumo detalhado do artigo, destacando a metodologia, os resultados principais e a conclusão do estudo sobre os efeitos do sono na cognição humana."

Dica 7. Use a linguagem do modelo.

Os modelos de IA, como a série GPT da OpenAI, são treinados com uma vasta gama de textos e linguagem.

Aproveite essa formação usando a linguagem e os termos que o modelo reconhecerá. Se você estiver pedindo uma análise de dados, por exemplo, use termos e conceitos estatísticos como "distribuição", "variância", "tendência central" e "significância estatística", para que o modelo entenda melhor o tipo de análise que você deseja.

Um engenheiro de prompt experiente saberia ajustar seu pedido para: "Realize uma análise estatística dos dados recentes de vendas de e-commerce, focando na variância mensal de receita e identificando quais categorias de produtos demonstram a maior tendência de crescimento."

Dica 8. Evite overloading ou under-specification.

É importante encontrar um meio-termo entre sobrecarregar o modelo com informações (overloading) e proporcionar muito pouca direção (under-specification).

Um bom engenheiro de prompt fornece o suficiente para guiar o modelo, mas não tanto que o confunda ou o leve a gerar respostas irrelevantes.

Por exemplo, ao invés de pedir "Escreva um artigo sobre a história, política, economia e cultura da França", que é muito amplo e abrangente, você pode dividir suas solicitações em prompts mais administráveis como: "Forneça um resumo da evolução política da França no século XX."

Dica 9. Personalize os prompts para o usuário final.

A compreensão do público-alvo pode informar como você estrutura seus prompts.

Se o público for composto de especialistas no assunto, a linguagem técnica pode ser mais adequada. Para um público leigo, o engenheiro de prompt simplificaria os termos.

Poderia pedir a um sistema de IA: "Explique o princípio da relatividade de Einstein em termos que um estudante do ensino médio possa entender" para garantir que a resposta seja acessível e educativa.

Dica 10. Use feedback para melhoria contínua.

Avalie as respostas geradas pelo prompt para aprender sobre sua eficácia.

Obtenha feedback dos usuários e use esse feedback para ajustar continuamente e melhorar a forma e o conteúdo dos prompts. Por exemplo, se os usuários estão confusos com a discussão de um tópico, talvez seja necessário mudar o prompt para requisitar exemplos adicionais ou analogias para esclarecer os conceitos.

Um engenheiro de prompt proficiente poderia, então, reformular o comando para: "Ilustre o conceito de entropia com exemplos do cotidiano e analogias simples para facilitar a compreensão de um público não-científico."

Manter um ciclo de feedback e melhoria é um pilar da engenharia de prompt. A qualidade de uma resposta não se mede apenas pela precisão da informação, mas também pela sua utilidade e relevância para quem a procura.

A fineza do trabalho do engenheiro de prompt está em ajustar os seus comandos, o tom e o nível de profundidade exigido pela situação específica.

O papel do engenheiro de prompt é fundamental para extrair o máximo valor dos sistemas de IA. Requer profundo entendimento dos mecanismos de funcionamento dos modelos de linguagem, uma habilidade aguçada para formular questões e uma perspicácia comunicativa que conecta as necessidades humanas à inteligência artificial.

Como um engenheiro de pontes conecta duas terras, o engenheiro de prompt conecta duas inteligências – a humana e a artificial – para que juntas possam explorar novos territórios de compreensão e possibilidades.

O engenheiro de prompt representa, assim, um papel promissor e fascinante na interface entre humanos e máquinas, traduzindo objetivos e curiosidades em diálogos que as IAs podem não apenas compreender, mas também expandir, abrindo novos horizontes para todos nós.

5 Linguagem: a ferramenta de ofício.

Para o engenheiro de prompt, a linguagem não é apenas uma ferramenta, mas sim a matéria-prima essencial de seu ofício. Dominar a linguagem é fundamental para comunicar com eficácia os objetivos e intenções de um prompt para um modelo de linguagem de IA.

A seguir estão alguns aspectos importantes a serem considerados em relação à linguagem como uma ferramenta central do engenheiro de prompt:

1. Compreensão profunda da linguagem:

- Um engenheiro de prompt deve possuir uma compreensão íntima dos meandros da língua, incluindo a sintaxe, semântica, pragmática e estilística.

- A familiaridade com figuras de linguagem, padrões de discurso e estruturas gramaticais é essencial para formular prompts claros e precisos.

2. Sensibilidade às variações linguísticas:

- Diferentes públicos e contextos requerem abordagens linguísticas distintas. Um engenheiro de prompt deve ser capaz de adaptar a linguagem de acordo com o público-alvo.

- Conhecer as variações regionais, culturais e de registro linguístico é fundamental para garantir que o prompt seja compreendido e bem interpretado.

3. Habilidade de escolha de palavras e tom:

- As escolhas de palavras e o tom do prompt têm um impacto significativo no tipo de resposta gerada pelo modelo de IA.

- Encontrar o equilíbrio certo entre ser específico e conciso, formal ou informal, direto ou sugestivo é crucial para obter os resultados desejados.

4. Contextualização e coerência:

- Contextualizar o prompt dentro do conhecimento prévio do modelo e garantir a coerência ao longo da interação é essencial para uma comunicação eficaz.

- Manter a consistência ao longo de múltiplos prompts e respostas ajuda a criar uma experiência de usuário coesa e satisfatória.

A habilidade de utilizar a linguagem de forma habilidosa e estratégica é o que distingue um engenheiro de prompt excepcional.

5.1.1 Criação de prompt.

A criação de um prompt eficaz é um processo complexo que combina precisão técnica e criatividade. Um engenheiro de prompt deve equilibrar a clareza e a especificidade do comando com a flexibilidade e a criatividade necessárias para obter respostas ricas e detalhadas do modelo de IA.

Vamos explorar detalhadamente o processo de criação de um prompt, destacando dicas e exemplos para orientar esse trabalho de forma eficaz:

1. Precisão e clareza.

A primeira consideração ao criar um prompt é garantir que ele seja claro e preciso. Evite ambiguidades e certifique-se de comunicar de forma inequívoca o que se espera como resultado.

Por exemplo, em vez de solicitar "informações sobre o clima", seja mais específico com algo como "forneça a previsão do tempo para a cidade de São Paulo para os próximos 7 dias".

2. Detalhamento técnico.

É essencial incluir detalhes técnicos suficientes no prompt para orientar o modelo de IA de forma eficaz.

Por exemplo, ao solicitar uma análise estatística, é importante especificar as métricas e parâmetros desejados para a análise, como média, desvio padrão e intervalo de confiança.

3. Experimentação e testes.

Um engenheiro de prompt experiente sabe da importância da experimentação e dos testes na criação de comandos eficazes. Testar diferentes formulações, estruturas e abordagens é essencial para descobrir o prompt ideal que desbloqueará o potencial completo do modelo de IA.

Por exemplo, ao pedir uma descrição de um objeto, experimente variar a ordem das características solicitadas para ver como isso afeta a resposta.

4. Personalização e Contextualização.

Adapte o prompt de acordo com o contexto e o público-alvo. Por exemplo, ao solicitar uma definição de um termo técnico, ajuste o nível de linguagem e detalhamento com base no conhecimento e experiência do usuário final.

5. Criatividade na formulação.

A criatividade desempenha um papel crucial na formulação de prompts que estimulam respostas mais profundas e envolventes.

Explore diferentes formas de expressar a mesma solicitação para estimular a criatividade do modelo de IA e obter respostas mais interessantes.

Por exemplo, ao pedir uma descrição de um cenário, você pode variar o ângulo da solicitação, como "Descreva o ambiente de uma floresta exuberante em uma tarde de verão" ou "Pinte uma imagem vívida de uma paisagem urbana em meio ao movimento da cidade".

6. Feedback e ajustes.

O feedback e ajuste são partes essenciais do processo de engenharia de prompt. Após receber as respostas do modelo de IA, é crucial conduzir uma análise criteriosa para avaliar a eficácia do prompt e identificar possíveis áreas de melhoria.

Aqui estão alguns pontos-chave relacionados ao feedback e ajustes na criação de prompts:

1. Avaliação de resultados.

Primeiramente, é importante avaliar se o resultado gerado pelo modelo de IA atende às expectativas e objetivos estabelecidos no prompt. Verifique se a resposta é precisa, relevante e satisfatória para os usuários.

2. Identificação de pontos fortes e fracos.

Analise o desempenho do prompt para identificar tanto os pontos fortes como as áreas que podem ser aprimoradas. Verifique se o prompt foi eficaz na obtenção das informações desejadas e se houve aspectos que ficaram aquém das expectativas.

3. Feedback dos usuários.

Recolha feedback dos usuários que interagiram com as respostas geradas pelo prompt. Suas opiniões e percepções podem oferecer insights valiosos sobre a qualidade e utilidade das saídas do modelo de IA.

4. Análise de dados.

Utilize dados quantitativos, como métricas de desempenho e análises estatísticas, para avaliar objetivamente a eficácia do prompt. Isso pode incluir taxas de precisão, relevância e completude das respostas.

5. Ajustes e otimizações.

Com base na avaliação dos resultados e no feedback recebido, faça ajustes e otimizações no prompt. Isso pode envolver refinamentos na formulação do comando, mudanças na estrutura ou na linguagem utilizada, e correções em possíveis pontos fracos identificados.

6. Iteração constante.

Aperfeiçoe o prompt por meio de iterações contínuas. Teste as versões aprimoradas em novas interações com o modelo de IA e continue a coletar feedback para garantir que o prompt esteja sempre otimizado e produzindo resultados de qualidade.

A prática sistemática de coletar feedback, analisar os resultados e realizar ajustes contínuos é fundamental para a evolução e aprimoramento dos prompts ao longo do tempo.

7. Testes A/B e experimentos.

Realizar testes A/B, nos quais são comparados dois prompts ligeiramente diferentes, pode ajudar a determinar qual abordagem gera os melhores resultados. Experimentos controlados e testes rigorosos também são essenciais para otimizar a eficácia dos prompts.

8. Monitoramento de métricas de desempenho.

Estabeleça métricas de desempenho claras e objetivas para avaliar a eficácia dos prompts. Acompanhe de perto essas métricas ao longo do tempo para medir o impacto das alterações e ajustes realizados.

9. Feedback contínuo e melhoria incremental.

Encoraje uma cultura de feedback contínuo, tanto dos usuários como dos próprios engenheiros de prompt. Esteja aberto a sugestões e críticas construtivas e utilize esse feedback para promover melhorias incrementais nos prompts.

10. Documentação e registro de ajustes.

Mantenha um registro detalhado de todas as iterações, ajustes e otimizações realizadas nos prompts. Isso permitirá uma análise retrospectiva, facilitando a identificação de padrões e tendências que possam orientar futuras melhorias.

Ao adotar uma abordagem sistemática e iterativa para o feedback e ajustes dos prompts, os engenheiros de prompt podem otimizar continuamente a eficácia e a precisão das interações com os modelos de IA garantindo respostas cada vez mais relevantes e úteis para os usuários.

7. Aprimoramento contínuo.

Sem dúvida, o aprimoramento contínuo é essencial em praticamente todas as áreas, e quando se trata de engenharia de prompt para sistemas de IA como o que estou incorporado, isso não é exceção.

A criação de prompts eficazes é uma arte que envolve entender a fundo como a IA interpreta as solicitações e responde a elas.

Aqui estão alguns pontos para considerar nesse processo de aprimoramento contínuo:

1. Compreensão do modelo de IA. Entender as capacidades e limitações do modelo subjacente de IA é fundamental para formular prompts que produzam respostas úteis e relevantes.

2. Clareza na comunicação. Formule prompts claros e específicos para diminuir ambiguidades e melhorar a qualidade das respostas.

3. Teste e iteração. Experimente diferentes variações de seus prompts, analise as respostas e refine suas solicitações com base no que funciona melhor.

4. Feedback. Seja receptivo ao feedback, seja dos usuários finais ou da própria análise das respostas fornecidas pela IA. Use essas informações para fazer ajustes.

5. Acompanhamento de tendências e atualizações. Mantenha-se informado sobre as últimas pesquisas e atualizações no campo da IA para poder aplicar as melhores práticas e inovações em seus prompts.

6. Colaboração. Troque ideias e aprendizados com outros desenvolvedores e praticantes da engenharia de prompt. A colaboração pode levar a novas perspectivas e inspirações.

7. Personalização e contextualização. Reconheça a importância do contexto e da personalização para tornar os prompts mais efetivos para cenários específicos.

8. Documentação e registro. Mantenha um registro ou um diário de bordo dos prompts que você cria e das respostas que recebe para poder analisar o progresso e as tendências ao longo do tempo.

Ao dedicar tempo e esforço nesse ciclo de melhoria contínua, você estará apto a desenvolver prompts cada vez mais sofisticados que tragam resultados satisfatórios no uso de modelos de IA como o meu.

A criação de um prompt eficaz requer uma abordagem cuidadosa, combinando precisão técnica com criatividade e experimentação. Ao seguir estas dicas e exemplos, um engenheiro de prompt pode maximizar o potencial de um modelo de IA e obter respostas de alta qualidade que atendam às necessidades e expectativas dos usuários.

5.1.2   Compreensão e empatia como ferramentas.

A empatia é, de fato, uma poderosa ferramenta no design e na engenharia de prompts em inteligência artificial.

A empatia no contexto dessa atividade significa a habilidade de entender e compartilhar os sentimentos do usuário final, antecipando suas necessidades, expectativas e como eles podem interpretar as respostas.

Aqui estão alguns motivos pelos quais a compreensão e a empatia são cruciais nessa área:

- Acolhimento de Diversidade. Entender diferentes contextos culturais e linguísticos é fundamental para criar prompts inclusivos e acessíveis a um amplo espectro de indivíduos.

- Comunicação efetiva. Ao se colocar no lugar do usuário, pode-se antever mal-entendidos e clarificar a comunicação, tornando as interações com a IA mais claras e eficientes.

- Respostas personalizadas. A empatia permite que o engenheiro ajuste a IA para fornecer respostas que não apenas sejam tecnicamente corretas, mas também contextualmente apropriadas e emocionalmente inteligentes.

- Antecipação de necessidades. Compreendendo o ponto de vista do usuário, é possível antecipar as suas necessidades, muitas vezes antes mesmo que elas sejam explicitamente expressas no prompt.

- Feedback construtivo. A empatia auxilia na obtenção e análise de feedback, levando a melhorias significativas na maneira como a IA interage com os usuários.

- Prevenção de Falhas de Comunicação. Quando engenheiros de prompts consideram a ampla gama de emoções humanas, eles podem projetar interações que evitem respostas que podem ser interpretadas como insensíveis ou inadequadas.

- Design centrado no humano. Colocar a empatia no coração do processo de design de prompts garante uma orientação centrada no humano, levando a uma experiência geral mais positiva para o usuário.

Para incorporar empatia no design de prompts, engenheiros podem utilizar métodos como persona de usuário, mapas de empatia e role-playing. Isso pode ajudar na criação de prompts que não só entendam o comando do usuário

5.1.3 A arte da iteração.

A iteração é, de fato, um componente fundamental na engenharia de prompt para inteligência artificial e uma prática intrínseca à inovação e ao aprendizado contínuo.

A arte da iteração envolve diversos passos recorrentes, que juntos formam um processo de refinamento constante:

1. Desenvolvimento de Pprotótipos. Começar com uma versão inicial do prompt e preparar-se para ajustes baseados em resultados práticos.

2. Teste e análise. Após cada interação, analisar como o modelo de IA respondeu ao prompt, observando as áreas de sucesso e as que necessitam de melhoria.

3. Refinamento. Com base na análise realizada, ajustar o prompt para abordar as falhas identificadas ou para explorar outras possibilidades de resposta.

4. Aprendizado com a experiência. A cada iteração, acumular conhecimento sobre o comportamento do modelo, aprendendo a antecipar suas reações e entender melhor como estruturar as solicitações.

5. Incorporação de feedback. Utilizar o feedback dos usuários para entender melhor como os humanos percebem e reagem às respostas da IA refinando ainda mais os prompts.

6. Repetição do ciclo. Aplicar todas as lições aprendidas e repetir o processo, mantendo um ciclo constante de melhoria.

Essa abordagem iterativa ajuda a desenvolver uma profunda compreensão não apenas sobre como formular melhor os prompts, mas também sobre a própria natureza do modelo de IA utilizado.

Ela permite adaptar-se continuamente a novas informações, mudanças na tecnologia de IA e diferentes contextos de uso. É uma jornada contínua de tentativa e erro, onde a resiliência e a vontade de melhorar são essenciais.

Além disso, em um campo em rápida evolução como a IA, a iteração é o caminho através do qual os engenheiros de prompt se mantêm atualizados.

Com cada nova versão de modelo de IA ou atualização de algoritmo, novas possibilidades e desafios surgem, e a iteração permite explorar e se adaptar a essas mudanças de mane ira eficaz.

A iteração não se trata apenas de corrigir falhas, mas de uma busca contínua pela excelência e pela criação de uma experiência de usuário que seja ao mesmo tempo intuitiva, informativa e envolvente.

O processo iterativo na engenharia de prompt envolve alguns princípios chave:

1. Flexibilidade. Um bom engenheiro de prompt deve estar preparado para mudar de rota se os resultados das interações não estiverem alinhados com as expectativas.

2. Curiosidade e aprendizagem contínua. O aprendizado é infinito. A cada interação, descobrem-se novos insights sobre linguagem natural, interações humanas com máquinas e o próprio modelo de IA.

3. Documentação. Documentar cada iteração é crucial. Isso não só ajuda a rastrear o progresso, mas também serve como um repositório de conhecimento que pode ser referenciado posteriormente.

4. Avaliação de métricas. A iteração deve ser guiada por métricas claras de sucesso. Sejam métricas baseadas no comportamento do usuário ou na precisão das respostas da IA, essas métricas ajudam a direcionar o desenvolvimento do prompt.

5. Escalabilidade. É importante considerar que a solução final precisa ser escalável. As iterações devem levar em conta não apenas os resultados imediatos, mas também como elas se encaixam em uma estrutura maior.

6. Resiliência. Haverá tentativas que não produzirão os resultados desejados. A resiliência é necessária para analisar falhas construtivamente e seguir em frente com determinação.

A finalidade de todo esse processo iterativo não é somente aperfeiçoar um conjunto isolado de prompts, mas desenvolver um sistema mais robusto e compreensivo que melhore continuamente a interação entre humanos e máquinas.

O ritmo e a natureza dessa iteração podem variar dependendo do contexto e da aplicação, mas o compromisso com a melhoria contínua é uma constante que guia tanto o engenheiro de prompt quanto o desenvolvimento do próprio modelo de IA para alcançar novos patamares de

5.1.4   Feedback e iteração.

O feedback e a iteração são componentes essenciais para o desenvolvimento e a melhoria contínua tanto das habilidades pessoais quanto dos projetos de engenharia de prompt.

Aqui estão algumas maneiras de incorporar o feedback e a iteração em sua prática:

1. Coletar feedback regularmente. Estabeleça canais para coletar feedback tanto dos usuários dos prompts que você cria quanto de colegas e mentores. Isso pode ser feito por meio de pesquisas, entrevistas, testes de usabilidade, entre outras formas.

2. Analisar o feedback de forma construtiva. Ao receber feedback, é crucial analisá-lo de forma objetiva e construtiva.

Identifique padrões, pontos fortes e áreas de melhoria para direcionar sua próxima iteração.

3. Implementar Mudanças Graduais. Com base no feedback recebido, faça ajustes incrementais em seus prompts e práticas. Evite fazer mudanças drásticas de uma vez só, pois isso dificulta a identificação do impacto das alterações.

4. Testar e avaliar constantemente. Após fazer alterações, teste os prompts para avaliar como as mudanças impactaram a interação com o modelo de IA. Analise os resultados e continue refinando com base nas novas informações.

5. Compartilhar conhecimento. Além de receber feedback, também é importante compartilhar seu próprio conhecimento e experiência com colegas. Ao colaborar e trocar ideias, tanto você quanto seus colegas podem se beneficiar mutuamente.

6. Manter um registro de atualizações. Documente todas as iterações feitas nos prompts, juntamente com o feedback recebido e os resultados observados. Isso ajudará a rastrear o progresso e a identificar padrões ao longo do tempo.

7. Solicitar avaliações externas. Além do feedback interno, considere solicitar avaliações externas de especialistas no campo de IA. Essas opiniões externas podem trazer perspectivas valiosas e insights inéditos.

8. Iterar continuamente. A iteração não é um processo pontual, mas contínuo. Esteja sempre aberto a novas informações, feedback e oportunidades de melhoria. A cada iteração, busque não apenas corrigir problemas existentes, mas

também explorar novas ideias, testar hipóteses e buscar maneiras de aprimorar ainda mais seu trabalho.

Ao adotar uma abordagem focada no feedback e na iteração, você estará constantemente refinando suas habilidades, aprimorando seus prompts de engenharia de IA e garantindo que esteja sempre alinhado com as necessidades e expectativas de seus usuários.

Este ciclo contínuo de feedback e melhoria não apenas impulsiona o sucesso individual, mas também contribui para o desenvolvimento e inovação contínua no campo da inteligência artificial.

6 Educação contínua e desenvolvimento profissional.

6.1 Trabalho em equipe e colaboração.

O trabalho em equipe e a colaboração são aspectos cruciais na engenharia de prompt, que é a arte e a ciência de criar perguntas eficientes e comandos para sistemas baseados em inteligência artificial.

Esse campo, a princípio, pode ser mal interpretado como majoritariamente individual, mas a realidade é que os avanços mais significativos surgem da troca de ideias e do esforço conjunto.

Engenheiros de prompt mais experientes possuem uma vasta gama de dicas e truques que foram desenvolvidos e refinados através de tentativas, erros e sucessos.

Por exemplo, um engenheiro novato pode lutar para criar prompts que gerem respostas coerentes e contextualmente precisas em uma AI. Um colega mais experiente pode sugerir o uso de uma estrutura de prompt específica, detalhando que uma abordagem clara, com comandos diretos e contextualizados, tende a produzir melhores resultados.

Com a incorporação desta técnica, o novato pode observar uma melhoria imediata na eficácia das suas prompts.

A colaboração transdisciplinar também é um componente fundamental. Considere um cenário onde a engenharia de prompt é aplicada para melhorar a interface de chatbot de um serviço de atendimento ao cliente.

Para garantir que os prompts resultem em uma experiência de usuário satisfatória, a colaboração com designers de UX/UI torna-se essencial. Estes profissionais trazem ao engenheiro de prompts uma compreensão de como os usuários interagem com os chatbots, permitindo assim a criação de prompts que não apenas funcionem tecnicamente, mas que também se alinhem com as expectativas e necessidades dos usuários.

Um exemplo prático seria a colaboração na elaboração de prompts que instruam a AI a usar uma linguagem mais casual ou formal, dependendo do público-alvo do serviço.

Os cientistas de dados podem fornecer análises sobre quais tipos de prompts recebem as respostas mais precisas e engajantes, enquanto programadores podem facilitar a integração dessas prompts com as interfaces de usuário existentes.

Por exemplo, um cientista de dados pode identificar que prompts que começam com uma questão específica seguida de um exemplo claro tendem a produzir respostas mais detalhadas e úteis em um chatbot destinado ao suporte técnico. Ao compartilhar esses dados, permite-se que o engenheiro de prompt ajuste suas metodologias para focar em técnicas que trazem resultados comprovados.

Especialistas em conteúdo também desempenham um papel importante no processo colaborativo. Eles podem analisar as respostas geradas pelas prompts e sugerir ajustes na linguagem ou no tom para garantir que o conteúdo gerado esteja em harmonia com a voz e a marca da empresa.

A combinação de uma escrita envolvente com prompts inteligentemente desenhados pode elevar a qualidade da interação do usuário com as respostas fornecidas pelo sistema AI.

Ao enfrentar desafios técnicos no desenvolvimento de prompts, a diversidade de perspectivas dentro de uma equipe pode levar a soluções inovadoras que um indivíduo isoladamente poderia não considerar.

A colaboração em equipe oferece uma vantagem competitiva significativa: a capacidade de resolver problemas complexos de maneira mais eficiente.

Por exemplo, quando um prompt está gerando respostas inadequadas, um programador pode sugerir mudanças no código, enquanto um designer de UX pode recomendar uma reformulação da forma como a informação é solicitada ao usuário.

A interação entre diferentes disciplinas permite não só a otimização dos prompts, mas também a criação de um ambiente onde a inovação é constante. Reuniões regulares para brainstorming, sessões de feedback e revisões de código em equipe são apenas algumas das práticas colaborativas que podem levar a avanços significativos na engenharia de prompt.

Um outro aspecto importante da colaboração em equipes de engenharia de prompt é o processo de revisão e aprimoramento contínuo. Quando um engenheiro desenvolve um novo conjunto de prompts, pode ser útil passar essas criações por uma "inspeção por pares" onde colegas de diferentes áreas revisam e testam os prompts em diferentes cenários.

Isso pode revelar aspectos que precisam ser aprimorados que o criador original talvez não tenha percebido. Ao testar um prompt em diversos cenários, pode-se descobrir que ele lida bem com questões gerais, mas se confunde com questões mais técnicas ou específicas.

Com o feedback, o engenheiro de prompt pode refinar o comando original para abranger uma gama maior de possibilidades.

Esse processo iterativo beneficia-se grandemente das ferramentas de comunicação modernas, como plataformas de colaboração em equipe, repositórios de código e sistemas de acompanhamento de tarefas, que permitem que os membros da equipe trabalhem juntos independentemente de onde estejam localizados.

Uma ideia pode ser rapidamente compartilhada via chat, aprimorada em um documento colaborativo e então testada em um ambiente de desenvolvimento compartilhado.

O valor da diversidade na colaboração também não pode ser subestimado. As equipes que incluem membros de diferentes fundos culturais, habilidades técnicas e experiências de vida podem olhar para o mesmo problema sob ângulos completamente diferentes. Isso enriquece o processo de resolução de problemas e leva a soluções mais criativas e inclusivas.

No que diz respeito aos exemplos práticos, podemos olhar para a forma como as equipes de engenharia de prompt gerenciam grandes projetos.

Digamos que o objetivo é desenvolver um sistema de IA capaz de auxiliar no diagnóstico médico. Tal empreendimento requer não apenas conhecimento técnico, mas também a expertise médica.

O trabalho em equipe aqui significaria que médicos, engenheiros e designers colaborariam para criar prompts que não só fazem as perguntas certas para chegar a um possível diagnóstico, mas também garantem que a experiência seja empática e clara para o paciente.

No fim das contas, o trabalho em equipe e a colaboração na engenharia de prompt não é apenas desejável, é indispensável. A fusão de diferentes habilidades e conhecimentos não apenas eleva a qualidade dos prompts criados, mas também capacita as organizações a fornecer soluções de IA mais eficazes e humanizadas, tanto para o presente quanto para as aplicações futuras que ainda estamos por imaginar.

6.2   Flexibilidade e adaptação.

Flexibilidade e adaptação são habilidades cruciais em praticamente qualquer campo profissional, mas na engenharia de prompt, com a rápida evolução da Inteligência Artificial, elas se tornam ainda mais vitais.

A rápida mudança da tecnologia significa que aquilo que é um conhecimento de ponta hoje pode se tornar obsoleto quase que da noite para o dia.

Para um engenheiro de prompt, ser flexível significa ter a capacidade de ajustar as abordagens e estratégias rapidamente em resposta às descobertas emergentes e alterações na tecnologia.

Isso envolve manter-se atualizado com as últimas pesquisas, ferramentas e metodologias. Por exemplo, se um novo modelo de processamento de linguagem natural for lançado alcançando uma melhor compreensão do contexto e nuances do idioma, um engenheiro de prompt pode precisar reconsiderar completamente a forma como ele formula perguntas e instruções para o sistema AI.

A adaptabilidade também se estende para além do acompanhamento de avanços tecnológicos; ela abrange a habilidade de transitar entre diferentes domínios de conhecimento.

À medida que a IA é adotada em uma gama cada vez mais ampla de setores, engenheiros de prompt podem ser solicitados a aplicar seus conhecimentos em contextos com os quais não estão familiarizados.

Isso implica que eles precisam ser capazes de entender rápida e eficazmente novas áreas do saber para que possam projetar prompts que serão relevantes e úteis para esses novos domínios.

Um exemplo disso poderia ser um engenheiro de prompt trabalhando em um chatbot de atendimento ao cliente que foi subitamente encarregado de integrar funcionalidades relacionadas ao diagnóstico de problemas técnicos de dispositivos eletrônicos.

Isso requer não apenas uma mudança na linguagem e no tom usado nos prompts, mas também um entendimento fundamental de como o diagnóstico técnico funciona, para que ele possa estruturar as perguntas de tal forma que leve a soluções efetivas.

Além disso, a adaptabilidade é fundamental quando se trata de refinar prompts baseados em feedback dos usuários. Isso inclui a capacidade de interpretar dados de uso, compreender tendências no comportamento do usuário e responder a críticas construtivas.

Frequentemente, um prompt pode parecer perfeitamente concebido na teoria, mas, na prática, pode não se comportar como o esperado. Um engenheiro de prompt deve ser capaz de analisar feedback de maneira objetiva e implementar mudanças para melhorar a experiência do usuário final.

Por exemplo, se os usuários de um chatbot estiverem consistentemente pedindo esclarecimentos ou expressando confusão, isso pode indicar que os prompts não são suficientemente intuitivos ou claros.

O engenheiro de prompt, utilizando-se de sua capacidade analítica e flexibilidade, terá que revisar os dados, reconhecer padrões e, possivelmente, reescrever os prompts para esclarecer qualquer ambiguidade.

Manter um diálogo aberto com usuários e outras partes interessadas é outra faceta fundamental da adaptação. Isso envolve não apenas a coleta de feedback, mas a habilidade de interpretá-lo corretamente, discernindo entre problemas pontuais e questões que exigem uma revisão mais profunda do sistema.

Em termos práticos, ser adaptável também pode significar a habilidade de trabalhar em diferentes escalas. Uma equipe pode estar envolvida tanto no refinamento de uma única característica de um prompt para uma aplicação específica quanto na reformulação de todo um sistema para se adequar a um novo conjunto de diretivas ou expectativas de usuários.

Essa capacidade de atuar em diversos níveis de complexidade e abstração exige uma mente ágil e a disposição para aprender constantemente.

A verdadeira medida da adaptabilidade em engenharia de prompt não é apenas como o engenheiro responde às mudanças, mas também sua habilidade de manter a calma e a clareza de pensamento diante da incerteza.

Na prática, isso pode significar manter o foco nos objetivos finais do projeto, mesmo quando as táticas e estratégias intermediárias precisam ser alteradas significativamente.

Com o ritmo da inovação só aumentando, a flexibilidade e a adaptação não são mais meras vantagens competitivas, mas requisitos essenciais para o sucesso contínuo na evolução constante que define a engenharia de prompt e o campo mais amplo da inteligência artificial.

6.3   Balanceando ambição com realismo.

Balancear ambição com realismo é uma habilidade essencial na engenharia de prompt e refere-se à capacidade de alinhar ideais elevados com as praticidades e limitações do mundo real.

Na arena da engenharia de prompt, isso é particularmente desafiador, dado o rápido avanço da tecnologia de IA e a constante pressão para inovar.

Os engenheiros de prompt são frequentemente motivados pela ambição de transformar a maneira como interagimos com as máquinas, sonhando em criar sistemas que possam entender e responder como um humano faria.

No entanto, a tecnologia atual de IA possui limitações claras em relação à compreensão do contexto, detecção de nuances e emoções, e adaptação a cenários altamente variáveis. É onde o realismo precisa entrar.

Uma das principais peculiaridades de um engenheiro de prompt bem-sucedido é a habilidade de reconhecer e aceitar essas limitações. Por exemplo, um engenheiro pode ter a ambição de criar um assistente virtual que não apenas responda a perguntas, mas também antecipe necessidades futuras do usuário.

Enquanto isso é uma meta louvável, o engenheiro também deve ser realista sobre a capacidade atual da IA em prever o futuro com base nas informações limitadas que pode coletar.

Definir expectativas adequadas começa com a compreensão clara do propósito e das capacidades do prompt. Se um engenheiro deseja projetar um sistema de IA para auxiliar médicos em diagnósticos, ele precisa ter em mente os riscos legais e éticos.

A IA pode ajudar a identificar padrões em dados médicos, mas a decisão final deve estar sempre nas mãos de um profissional qualificado. Portanto, a ambição do engenheiro em criar um sistema altamente autônomo tem que ser balanceada com o realismo da situação e a responsabilidade inerente ao uso da IA na medicina.

Além de entender as limitações, outra peculiaridade importante é a habilidade de se comunicar claramente com stakeholders. Isso inclui saber explicar o que a tecnologia pode e não pode fazer de forma honesta e transparente.

Tomemos, por exemplo, uma reunião com investidores que desejam financiar um projeto inovador de IA. Um engenheiro de prompt deverá ser capaz de transmitir os potenciais e as limitações do projeto sem cair na armadilha de prometer mais do que a tecnologia é capaz de entregar.

Uma abordagem equilibrada pode ser compartilhar o roadmap de desenvolvimento, delineando as metas imediatas alcançáveis e como elas pavimentam o caminho para ambições futuras, mais grandiosas.

A realidade prática da engenharia de prompt exige a constante avaliação e reavaliação dos objetivos à luz das capacidades atuais dos modelos de linguagem.

Por exemplo, se o objetivo de um projeto é desenvolver um sistema de IA capaz de entender e gerar poesia, o engenheiro de prompt deve ser realista quanto ao quão profunda e emocionalmente impactante essa poesia pode ser; dado que a IA ainda não tem a capacidade de experienciar emoções da maneira que os humanos o fazem.

Na prática, balancear ambição com realismo também envolve a gestão do escopo do projeto. Engenheiros podem se deparar com a tentação de expandir continuamente as funcionalidades do sistema para atender a todas as solicitações que surgem.

No entanto, um foco mais estreito geralmente resulta em um produto mais polido e eficaz. A ambição deve ser direcionada para a excelência dentro de um escopo definido, em vez de uma expansão ilimitada que poderia diluir a qualidade e a funcionalidade.

Um exemplo disso é quando uma empresa deseja implementar um chatbot para suporte ao cliente. A ambição poderia direcionar o engenheiro de prompt para tentar cobrir cada possível pergunta de cliente no script do chatbot.

No entanto, a abordagem realista seria equipar o chatbot para lidar com as questões mais comuns e complexas, reconhecendo que alguns cenários são melhor tratados por um humano. Assim, constrói-se um sistema misto onde a IA gerencia as tarefas rotineiras, liberando os humanos para problemas que exigem empatia e julgamento complexo.

6.4 Desenvolvimento de soft skills.

As soft skills, ou habilidades interpessoais, complementam as hard skills — as habilidades técnicas — e são vitais para o sucesso em qualquer campo tecnológico, inclusive no desenvolvimento e na engenharia de sistemas de Inteligência Artificial (IA).

Aqui estão algumas das principais soft skills para um engenheiro de prompt e como elas desempenham um papel integral:

2. Pensamento crítico. A habilidade de analisar informações objetivamente e avaliar uma situação de vários ângulos ajuda a criar soluções mais eficazes e inovadoras, bem como a debugar problemas complexos em sistemas de IA.

3. Comunicação. É essencial poder comunicar suas ideias e soluções de maneira clara e efetiva, tanto para stakeholders técnicos

quanto para não técnicos, assegurando que a visão e o propósito de uma solução de IA sejam compreendidos por todos.

4. Empatia. No contexto da engenharia de prompt, a empatia ajuda a entender melhor o usuário final, permitindo criar sistemas que sejam mais intuitivos e que proporcionem experiências significativas.

5. Resolução colaborativa de problemas. Muitas vezes, as soluções mais eficazes são resultado de trabalho em equipe. Saber como colaborar efetivamente, compartilhando conhecimento e combinando habilidades diferentes é fundamental.

6. Adaptabilidade. O campo da IA está sempre mudando. Ser capaz de se adaptar rapidamente a novas ferramentas, tecnologias e metodologias é um pré-requisito para se manter relevante e eficaz.

7. Gestão de tempo e organização. Liderar projetos de IA ou a criação de prompts complexos exige uma excelente gestão de tempo e habilidades organizacionais para cumprir prazos e atingir objetivos.

8. Liderança e gerenciamento de equipes. A capacidade de motivar, dirigir e inspirar equipes é importante para avançar nos projetos de tecnologia, desde a concepção até a implementação.

9. Negociação e persuasão. Frequentemente, precisa-se convencer outros sobre a importância e valor de uma determinada abordagem ou tecnologia de IA. Ser capaz de negociar recursos, prazos ou direções em projetos e persuadir stakeholders sobre determinadas decisões são habilidades valiosas.

10. Curiosidade e aprendizado contínuo. A tecnologia evolui rapidamente e a IA não é exceção. Ter uma mentalidade aberta e um desejo constante de aprender são cruciais para a inovação e para a manutenção da relevância profissional.

11. Feedback construtivo. Tanto receber quanto dar feedback de maneira construtiva é uma parte importante da melhoria contínua pessoal e dentro de equipes de projeto.

12. Resiliência e gestão do estresse. Projetos de IA podem ser desafiadores e estressantes. A habilidade de manter a calma sob pressão e de se recuperar de contratempos é crucial para o sucesso a longo prazo.

13. Tomada de decisão ética. A IA levanta questões éticas significativas. Possuir o discernimento para tomar decisões que não sejam apenas tecnicamente sólidas, mas também social e eticamente responsáveis, é cada vez mais importante.

Essas soft skills são importantes não só para o sucesso individual, mas também contribuem para a funcionalidade e o sucesso do projeto como um todo.

Em um campo tão interdisciplinar quanto a IA, onde os engenheiros de prompt precisam colaborar com colegas de áreas diversas e geralmente servir como ponte entre a tecnologia e seus usuários, possuir e desenvolver essas habilidades interpessoais é fundamental.

Além disso, as soft skills são habilidades transferíveis que podem ser aplicadas em qualquer contexto e são altamente valorizadas no mercado de trabalho. Portanto, investir em seu desenvolvimento pode trazer benefícios tanto pessoais quanto profissionais a longo prazo.

6.5   Diagnosticando e Solucionando Problemas.

Diagnosticar e solucionar problemas no contexto da engenharia de prompt exige uma abordagem sistematizada e criativa, visto que o trabalho é análogo ao de um detetive decifrando códigos de comunicação entre humanos e sistemas baseados em inteligência artificial.

A jornada começa pelo entendimento de que cada prompt é uma entidade única, projetada com o objetivo de provocar uma resposta específica em um sistema de processamento de linguagem natural.

Ao se deparar com um prompt que não resulta na saída desejada, o engenheiro deve iniciar sua análise questionando o próprio fundamento do prompt: estaria ele claro e conciso?

Os problemas frequentemente surgem de uma má articulação, onde objetivos conflitantes ou instruções vagas geram respostas ambíguas ou imprecisas. É primordial assegurar que o prompt contenha a quantidade certa de informação: o excesso pode confundir o sistema, e a falta pode deixá-lo sem direção.

Além disso, é importante considerar o concreto e o abstrato na formulação do prompt. Se o engenheiro deseja que a inteligência artificial realize uma lista de tarefas, a assertividade nas demandas — especificando passo a passo o que é desejado — conduzirá a resultados mais afinados.

No entanto, se o objetivo é explorar a criatividade da IA, prompts mais abertos podem instigar respostas mais ricas e variadas.

Um recurso valioso na sintonia fina de prompts é o emprego da lógica dedutiva. A depuração muitas vezes passa pelo Filtro de Diagnóstico: um processo de eliminação que começa formulando hipóteses sobre o motivo da falha e testando cada uma delas. Com isso, variáveis são isoladas e testadas individualmente, delineando as características responsáveis pelo comportamento do sistema.

A modelagem de experimentos, como os testes A/B mencionados, permitem ao engenheiro observar como pequenas variações em um prompt resultam em alterações nas respostas da IA.

Por meio dessa técnica, pode-se avaliar objetivamente como diferentes estruturas de enunciado, escolha de palavras e a pontuação influenciam o comportamento do modelo.

Para executar um teste A/B eficaz, separamos o público-alvo em dois grupos. O grupo A recebe o prompt original, enquanto o grupo B recebe uma versão modificada. As respostas são então analisadas para identificar qual dos dois prompts produz a melhor saída em relação ao objetivo pretendido.

Um exemplo prático disso seria a tentativa de otimizar um prompt utilizado para gerar uma resposta técnica e detalhada sobre um conceito de engenharia.

O grupo A poderia receber a pergunta: "Explique a termodinâmica." Enquanto isso, o grupo B receberia uma versão mais direta e específica: "Descreva os princípios fundamentais da termodinâmica aplicados em motores de combustão interna." Analisando as respostas, o engenheiro pode determinar qual prompt é mais eficiente em extrair informações precisas e relevantes do modelo.

Vale destacar que a solução de problemas em engenharia de prompt não termina apenas na análise direta das perguntas e respostas. Fatores como o contexto no qual o prompt é aplicado e as características do modelo de IA também são cruciais.

O contexto inclui não apenas o domínio do assunto em questão, mas também a cultura e a linguagem do público-alvo. Por exemplo, um prompt eficaz para um engenheiro em São Paulo pode não ser o mesmo para um engenheiro na Alemanha, mesmo que ambos falem inglês, devido a diferenças em terminologia técnica e contexto cultural.

Quanto às características do modelo de IA, é indispensável ter um entendimento sólido do funcionamento interno e das capacidades do sistema empregado. Isso requer um conhecimento constante sobre as atualizações do modelo e suas peculiaridades, como formas específicas de interpretar comandos e a sensibilidade a diferentes tipos de dados de entrada.

Qualquer solução proposta deve ser verificada por meio de uma validação rigorosa. A resposta otimizada do prompt deve ser testada em diferentes cenários para assegurar sua robustez e generalização.

Assim como um engenheiro testaria a segurança de uma ponte, o engenheiro de prompt deve testar a integridade da sua solução sob diversas condições, para garantir que o desempenho atende aos critérios de qualidade em um vasto espectro de situações.

A verificação pode envolver a introdução do prompt otimizado a um grupo mais amplo de usuários ou a execução dele em um contexto operacional diferente para observar se os resultados permanecem consistentes.

Este é um passo crucial para garantir que o ajuste do prompt não foi superespecializado para um cenário tão específico que se torna ineficaz em outros.

O engenheiro de prompt também deve estar atento ao feedback qualitativo, que pode fornecer insights em percepções humanas da resposta gerada que testes quantitativos podem não capturar.

Interações com usuários reais podem revelar nuances em como a resposta é recebida, entendida e utilizada, permitindo ajustes que alinham ainda mais o prompt aos requisitos de comunicação e compreensão humanas.

A documentação do processo de diagnóstico e resolução de problemas é um componente chave na engenharia de prompt. Registrar cuidadosamente as alterações feitas, os resultados obtidos e as lições aprendidas cria um repositório de conhecimento que pode ser inestimável em situações futuras e para outros profissionais da área.

Para ilustrar a importância da documentação, considere o cenário onde uma equipe de engenheiros está trabalhando para configurar prompts para um novo sistema de chatbot de serviço ao cliente.

Se cada alteração e o resultado correspondente em termos de desempenho do bot forem devidamente registrados, será mais fácil para a equipe entender a lógica por trás das estratégias eficazes, ao mesmo tempo evitando repetir abordagens que se provaram ineficientes.

A cada ciclo de diagnóstico e solução, o engenheiro de prompt refina sua compreensão de como a inteligência artificial interpreta e processa a linguagem. Adicionalmente, a engenharia de prompt não opera em um vácuo.

A capacidade de evoluir prompts ao mesmo tempo em que é mantida uma vigilância sobre as mudanças no campo da inteligência artificial transforma esse processo em algo vivo e em constante progresso.

No entanto, ao perseguir a otimização, é vital que o engenheiro também esteja atento à ética e aos princípios de responsabilidade. Os sistemas de IA devem ser guiados por prompts que não somente alcancem o resultado mais eficiente, mas que o façam de forma justa e transparente.

6.6   Atenção às tendências e inovação.

No campo dinâmico da engenharia de prompt, atenção às tendências emergentes e inovação não são apenas recomendáveis, são essenciais.

O papel do engenheiro de prompt abrange muito mais do que simplesmente criar comandos eficientes; trata-se de moldar o futuro da interação entre humanos e máquinas. Para permanecer à frente, os engenheiros devem cultivar uma visão prospectiva, uma que se estende além do estado atual da tecnologia para capturar o potencial de suas trajetórias futuras.

A antecipação de tendências nas interações e aplicações de IA requer uma observação atenta e a análise crítica do mercado e do avanço tecnológico. Por exemplo, a crescente popularização de assistentes de voz inteligentes sugere uma demanda por prompts que sejam mais conversacionais, capazes de entender e responder a uma linguagem natural e fluida.

Ao detectar essa tendência, um engenheiro de prompt pode começar a integrar uma complexidade maior e variações mais sutis na linguagem de programação dos prompts para antecipar necessidades e contextos mais humanizados.

Inovar no desenvolvimento de prompts pode significar explorar novos domínios aonde a IA ainda não foi plenamente implantada. Por exemplo, no setor de saúde, um engenheiro de prompt pode trabalhar na criação de sistemas de questionamento que ajudem os modelos de IA a entender e processar o jargão médico específico, o que fornecerá assistência clínica e consultas de triagem mais eficazes.

A experimentação é a chave para a descoberta e a inovação. Abordagens como a técnica de 'design thinking' incentivam a criação de prototypes rápidos, baseados em prompts, que podem ser testados e iterados.

Um engenheiro de prompt pode, por exemplo, explorar como diferentes estratégias de formulação podem afetar a personalização das respostas de IA em um serviço de atendimento ao cliente, executando testes que refinem a interação até que ela se sinta natural e eficiente.

Para incorporar mudanças paradigmáticas, é necessário estar atento ao lançamento de novos modelos de IA e abordagens de processamento de linguagem natural.

6.7   Contribuindo para o avanço da ia.

A engenharia de prompt se estabelece como um elo crítico entre a implementação prática da IA e o desenvolvimento contínuo de suas capacidades fundamentais.

Contribuições de engenheiros de prompt ajudam a moldar não só a maneira como interagimos com a inteligência artificial, mas também como ela evolui.

O feedback fornecido pelos engenheiros é um elemento valioso para o ciclo de vida da IA. Por exemplo, ao identificar padrões consistentes de falhas ou ambiguidades nas respostas geradas pelos modelos atuais, os engenheiros informam os pesquisadores sobre áreas específicas que precisam de melhoria.

Esses insights podem ser tão variados quanto a necessidade de maior compreensão contextual por parte da IA até as sutilezas da diferença entre idiomas.

Uma contribuição significativa vem através do refinamento de datasets de treinamento. Ao criar prompts que revelam deficiências na interpretação de dados pela IA, os engenheiros podem sugerir inclusões ou modificações nos datasets que aumentarão a precisão e a relevância dos modelos futuros.

Por exemplo, se um modelo de IA consistentemente interpreta mal prompts relacionados a um tópico emergente de interesse público, os engenheiros de prompt podem colaborar com pesquisadores para expandir o corpus de treinamento com dados mais relevantes e atualizados.

Ademais, a implementação de prompts pode levar ao descobrimento de cenários até então não previstos nas fases de design e teste. Engenheiros de prompt estão na linha de frente para identificar essas situações em ambientes do mundo real.

Ao relatar essas experiências, eles ajudam os desenvolvedores a entender como os modelos de IA se comportam "na selva", fora dos ambientes controlados de teste, e a ajustar seus algoritmos de acordo.

Outra valiosa contribuição é na promoção de uma IA inclusiva e acessível. Engenheiros de prompt, através de seu contato diário com uma diversidade de usuários, percebem as barreiras linguísticas e culturais que podem limitar a eficácia da IA.

Com essa experiência, eles podem advocar por modelos mais diversos e inclusivos que entendam dialetos regionais, gírias e variações linguísticas. Por exemplo, ao identificar que um sistema de processamento de linguagem natural tem dificuldade em compreender um sotaque específico ou um conjunto de expressões locais, o engenheiro de prompt pode contribuir com dados que ajudem a treinar o modelo para reconhecer e processar melhor essas variações.

Essa contribuição torna-se ainda mais relevante com o crescimento de interfaces de usuário baseadas em voz. A capacidade de um assistente virtual de entender com precisão pessoas de diferentes regiões e grupos linguísticos melhora não só a acessibilidade e inclusão, mas também a eficiência e a satisfação do usuário.

Engenheiros de prompts também podem influenciar a ética na IA. Por trabalharem na intersecção entre a tecnologia e seus usuários finais, eles estão em uma posição única para identificar e destacar problemas éticos, como viés e discriminação nos modelos de IA.

Ao relatar e descrever essas questões, eles ajudam a criar uma consciência mais ampla desses problemas no desenvolvimento da IA levando a um compromisso mais forte dos desenvolvedores com a criação de tecnologias justas e equitativas.

Colaboram no desenho de interfaces de usuário de forma a explicar melhor as capacidades e limitações dos assistentes automatizados. Clarificando esses pontos para os usuários finais, os engenheiros de prompt ajudam a evitar frustrações e mal-entendidos, alinhando as expectativas dos usuários com a realidade da prestação de serviço pela IA.

A engenharia de prompt é, portanto, essencial para melhorar a qualidade, precisão e confiabilidade dos modelos de IA. Ao fornecer feedback construtivo, colaborar na melhoria de conjuntos de dados, relatar problemas éticos e trabalhar para superar barreiras de comunicação, os engenheiros de prompt não apenas contribuem para o avanço técnico do campo da IA, mas também para a sua integração harmoniosa, ética e eficaz na sociedade.

6.8   Ética e responsabilidade.

O papel do engenheiro de prompt, embora tecnicamente sofisticado, exige não apenas conhecimento técnico, mas também sensibilidade ética e responsabilidade.

Ao criar prompts ou instruções para inteligências artificiais, esses profissionais estão na vanguarda de uma nova forma de comunicação, em que as palavras escolhidas e a estrutura dos comandos podem ter implicações consideráveis.

A ética, em seu núcleo, envolve o discernimento entre certo e errado, justo e injusto. Quando aplicada à engenharia de prompts, ela gira em torno da criação responsável de instruções que se alinham não só com a finalidade desejada da IA, mas também com princípios morais mais amplos.

Um promotor que ignora as dimensões éticas do seu trabalho pode, involuntariamente, perpetuar estereótipos nocivos, difundir desinformação, ou facilitar comportamentos prejudiciais.

Por exemplo, imagine que um engenheiro de prompt seja solicitado a criar um conjunto de comandos para um chatbot destinado ao atendimento ao cliente.

Se o profissional não considerar cuidadosamente as nuances e implicações de suas palavras, ele pode acabar projetando um sistema que trata os clientes de forma desigual baseado em gênero, idade ou qualquer outra característica sensível. Isso seria uma falha ética, pois compromete a equidade e a justiça, princípios fundamentais da interação humana.

A responsabilidade, por outro lado, refere-se à obrigação de prestar contas pelas consequências dos próprios atos. No contexto da engenharia de prompt, isso significa que os profissionais devem antecipar e mitigar potenciais impactos negativos dos seus prompts sobre os usuários da IA e a sociedade em geral.

Se um engenheiro projeta um prompt que, inadvertidamente, leva a IA a favorecer informações falsas ou prejudiciais, ele tem a responsabilidade de corrigir esse erro para evitar danos subsequentes.

Por exemplo, se um prompt é criado para que a IA reconheça notícias, sem ter mecanismos para verificar a veracidade dos fatos apresentados, isso pode levar a uma disseminação irresponsável de informações incorretas.

A responsabilidade do engenheiro de prompt nesse cenário é dupla:

1. Eles devem prever tal possibilidade durante o desenvolvimento.

2. Implementar salvaguardas adequadas, como verificar as fontes ou restringir as respostas da ia baseadas em dados não verificados.

Caso as salvaguardas falhem ou não sejam originalmente implementadas, é essencial que haja medidas reativas prontas para corrigir e atualizar os prompts o mais rápido possível para limitar o alcance do dano.

Além disso, a responsabilidade estende-se à transparência. Os engenheiros de prompt devem estar preparados para explicar suas escolhas de design e estar abertos sobre as limitações e tendências dos sistemas que projetam.

Esta transparência é importante para construir confiança entre o usuário e a IA, bem como garantir que o sistema pode ser auditado e melhorado ao longo do tempo.

Exemplificando, em situações em que um prompt é desenvolvido para um algoritmo de recomendação de conteúdo, deve-se ter cuidado para que esse sistema não crie bolhas de filtro ou reforce viés de confirmação nos usuários.

Um prompt programado sem levar em conta a diversidade de conteúdo e ponto de vista pode resultar em uma experiência unilateral para o usuário, com a IA apresentando apenas conteúdos que espelham suas crenças pré-existentes.

Os engenheiros devem, portanto, equilibrar a personalização com a exposição a uma gama variada de informações. A responsabilidade aqui significa reconhecer que a IA tem um papel na configuração do discurso e na cultura, e agir de maneira a promover uma sociedade bem informada e aberta.

No âmbito da ética e da responsabilidade, é essencial considerar o bem-estar do usuário final. Engenheiros de prompt devem fazer perguntas fundamentais, como: "Os usuários estão sendo tratados com respeito?"; "Estou contribuindo para uma experiência positiva?"; "Há consequências não intencionadas que podem surgir pelo uso dos prompts que criei?".

A reflexão constante sobre essas questões é um pilar na prática de uma engenharia de prompt consciente e ética. A reflexão deve estender-se a como a IA pode impactar a sociedade em escala mais ampla. No desenvolvimento dos prompts, é importante considerar não apenas o impacto imediato, mas as ondas que partem deles e aterram nas praias do discurso público, da política e da cultura.

Um exemplo disto pode ser a criação de prompts para IA que são usados em plataformas sociais. Suponha que um algoritmo seja codificado para identificar e exibir conteúdo que tenha maior engajamento.

Sem uma abordagem ética e um sentido de responsabilidade, o engenheiro de prompt poderia não perceber que seu trabalho contribui para o vício em plataformas digitais ou à disseminação de conteúdo extremista, que normalmente tem alto engajamento devido à sua natureza polarizadora.

Um engenheiro responsável ponderaria sobre como equilibrar a promoção de engajamento com a promoção de um ambiente digital saudável e informativo.

Outra consideração ética é a privacidade e a confidencialidade. Prompts que induzem a IA a solicitar, armazenar ou transmitir informações pessoais dos usuários requerem uma manipulação cuidadosa para proteger sua privacidade.

O engenheiro deve garantir que qualquer coleta de dados seja transparente, atenda às regulamentações de privacidade, como o Regulamento Geral de Proteção de Dados (GDPR) da União Europeia, e seja segura contra a intrusão ou mau uso.

As considerações éticas e a responsabilidade na engenharia de prompt também exigem um compromisso com a educação contínua e a atualização dos conhecimentos.

Isto é particularmente importante à medida que as normas sociais e as regulamentações legais evoluem. Engenheiros de prompt precisam estar informados sobre os debates éticos mais recentes e como a legislação que afeta a privacidade de dados e a responsabilidade tecnológica está mudando.

É crucial que haja abertura para o diálogo crítico e a colaboração interdisciplinar. Engenheiros de prompt devem estar dispostos a colaborar com especialistas em ética, grupos de defesa do consumidor, legisladores, e até mesmo com o público em geral, para garantir que seus prompts estejam alinhados com valores sociais amplos e sustentáveis.

Uma abordagem prática para tal colaboração pode envolver a realização de focus groups ou testes de usuário durante as diversas fases do desenvolvimento de prompts.

Estes grupos podem oferecer insights vitais acerca das necessidades e preocupações dos usuários, ajudar a identificar potenciais problemas éticos e oferecer diversas perspectivas que podem não ser aparentes durante o processo de engenharia.

O compromisso com a ética e a responsabilidade também se reflete no desenvolvimento de métricas e auditorias para os sistemas de IA. Engenheiros de prompt devem incorporar mecanismos de feedback loop que permitam a medida e avaliação contínuas da performance dos prompts em termos de fairness (justiça), accountability (prestação de contas), e transparency (transparência).

Por exemplo, isso pode ser alcançado através da implementação de ferramentas de monitoramento e análise que identificam e corrigem viés de maneira proativa.

É imperativo que haja uma reflexão constante e uma disposição para revisar e alterar prompts conforme necessário. A ética e a responsabilidade na engenharia de prompt não são apenas uma checklist a ser marcada durante o design inicial, mas um processo contínuo que acompanha o ciclo de vida da IA.

Essa manutenção contínua garante que a tecnologia permaneça alinhada com as melhores práticas e responsiva às mudanças das normas sociais e padrões éticos.

Conforme circunstâncias e compreensões evoluem, a IA necessita ser recalibrada para permanecer ética e relevante. Assim como as sociedades mudam, a tecnologia que as serve deve ser capaz de mudar com elas.

6.9   Visão ética sustentável.

A responsabilidade estendida na engenharia de prompt engloba a inclusão consciente de diretrizes que protejam os usuários e sociedade contra deturpações, abusos e outros riscos potenciais que podem surgir do uso da IA.

Uma visão ética sustentável em engenharia de prompt considera questões de viés e justiça. É fundamental para o engenheiro avaliar e corrigir viés em dados de treinamento que a IA utiliza, pois esses preconceitos podem levar a resultados discriminatórios. Trabalhar ativamente para garantir que a IA não perpetue estereótipos sociais e desigualdades é uma peça-chave da prática ética.

A visão ética implica o compromisso com a privacidade e a segurança dos dados dos usuários. Engenheiros de prompt devem assegurar que os dados pessoais não sejam usados de maneira indevida e que as interações com sistemas baseados em IA cumpram com os regulamentos globais de proteção de dados, como o GDPR na Europa.

Da mesma forma, é sua responsabilidade certificar que a IA foi desenhada para resistir a tentativas maliciosas de manipulação ou ataques de segurança.

A sustentabilidade ética também se reflete na transparência e na explicabilidade das respostas geradas pela IA. Prompts devem ser projetados de maneira que os outputs sejam facilmente compreensíveis e justificáveis. Isso não só aumenta a confiança do usuário no sistema, como também facilita a responsabilização e a correção de erros.

O engenheiro deve considerar o bem-estar dos usuários finais, evitando a criação de dependência tecnológica ou a erosão de habilidades humanas. A tecnologia deve ser uma ferramenta de capacitação, não de substituição.

É preciso ponderar cuidadosamente a forma como os prompts incentivam a interação com a IA assegurando que ela complemente, e não comprometa, as capacidades humanas.

A visão ética sustentável inclui o engajamento com a sociedade civil, acadêmicos e legisladores para formular normas e diretrizes que orientem a prática da engenharia de prompt e, mais amplamente, a aplicação de IA.

A conexão com um ecossistema mais vasto garante que a evolução da IA esteja alinhada com os valores humanos e as necessidades sociais, permitindo que as tecnologias emergentes sejam moldadas de forma a beneficiar a todos, e não apenas um seleto grupo de interesses.

Com uma abordagem colaborativa e multidisciplinar, os engenheiros de prompt podem contribuir para o desenvolvimento de frameworks regulatórios e padrões de design éticos que promovam práticas justas, seguras e responsáveis no uso da IA.

Conferências, simpósios e workshops permitem aos engenheiros de prompt compartilhar seus conhecimentos e desafios, aprendendo uns com os outros e moldando coletivamente o futuro da tecnologia.

A sustentabilidade ética envolve o monitoramento constante e a avaliação do impacto da IA sobre o emprego, a sociedade e o meio ambiente.

Para garantir que essas preocupações éticas sejam mais do que retóricas, engenheiros de prompt trabalham para institucionalizar a ética na prática diária, integrando considerações éticas no desenvolvimento e revisão de processos, treinamentos sobre preconceito e privacidade para equipes de design, e mantendo-se atualizados sobre o avanço das discussões éticas na IA.

Ao dominar a arte de comunicar efetivamente com sistemas de IA, os engenheiros de prompt tornam-se arquitetos da interação entre humanos e máquinas, abrindo caminhos para novas formas de trabalho, educação e lazer.

Com cada prompt cuidadosamente elaborado e com cada ciclo de iteração, eles estão, peça por peça, ajudando a moldar o futuro da inteligência artificial, garantindo que suas promessas sejam cumpridas de maneira ética e benéfica para a sociedade.

6.10   Mentoria e tutoria.

Buscar mentoria de profissionais mais experientes no campo da engenharia de prompt e inteligência artificial pode ser extremamente valioso para acelerar o seu crescimento profissional e desenvolvimento de habilidades.

Aqui estão algumas formas de aproveitar ao máximo a mentoria e tutoria:

Identifique Mentores Alinhados com seus Objetivos. Busque profissionais que tenham experiência e conhecimento nas áreas específicas em que você deseja crescer. Eles podem oferecer insights valiosos e orientações direcionadas.

Esteja Aberto a Aprender e Crescer. Esteja aberto a receber feedback e insights dos seus mentores, mesmo que seja crítico. Aproveite a oportunidade para aprender com a experiência e conhecimento deles.

1. Estabeleça metas claras. Tenha objetivos tangíveis e específicos para o que você deseja alcançar através da mentoria. Isso pode orientar as discussões e ajudar a tornar o tempo com seu mentor mais produtivo.

2. Mantenha a comunicação consistente. Estabeleça uma comunicação regular e consistente com seus mentores. Esteja aberto para discutir desafios, compartilhar seus progressos e receber orientações contínuas.

3. Busque diversidade de perspectivas. Considere ter mais de um mentor para obter uma variedade de perspectivas e experiências. Cada mentor pode trazer algo único para o seu desenvolvimento.

4. Agradeça e reconheça. Demonstre gratidão pelo tempo e esforço que seus mentores dedicam a orientá-lo. Reconheça suas contribuições e esteja disposto a retribuir com seu próprio sucesso e aprendizado.

5. Seja proativo. Inicie conversas, faça perguntas e busque ativamente o feedback dos seus mentores. Assuma a responsabilidade pelo seu próprio crescimento e desenvolvimento.

6. Compartilhe seus próprios conhecimentos. Não se esqueça de que a mentoria é uma via de mão dupla. Compartilhe seus próprios insights, aprendizados e experiências com seus mentores, criando assim uma relação de troca mútua.

Ao buscar mentoria e tutoria, você terá a oportunidade de acelerar sua curva de aprendizado, evitar erros comuns, adquirir insights valiosos e expandir sua rede profissional.

A interação e a orientação direta de profissionais experientes pode fornecer um contexto prático que vai além do que pode ser aprendido em livros ou cursos online.

A mentoria não só contribui para o seu desenvolvimento profissional, mas também pode fortalecer sua autoconfiança, inspiração e motivação. O apoio e os conselhos de mentores podem ajudá-lo a superar desafios, tomar decisões mais informadas e desenvolver uma carreira mais sólida e gratificante no campo da engenharia de prompt e inteligência artificial.

A mentoria não precisa necessariamente ser uma relação formal. Muitas vezes, você pode encontrar mentores em conferências, meetups da comunidade de IA, online ou até mesmo em sua rede profissional existente.

Esteja aberto a aprender com aqueles ao seu redor e, quando possível, retribua compartilhando seu próprio conhecimento e experiência com outros que podem se beneficiar.

7   Conclusão.

Ao longo deste volume, "Guia para ser um Engenheiro de Prompt – Volume 1", exploramos os conceitos fundamentais que tornam a Engenharia de Prompt uma competência indispensável no mundo da inteligência artificial.

Desde os elementos centrais que definem um prompt eficaz até as habilidades essenciais que um engenheiro de prompt precisa desenvolver, cobrimos as bases para que você, leitor, comece sua jornada ou aprofunde seu conhecimento nesta área que cresce rapidamente.

Discutimos como um prompt bem formulado pode fazer a diferença entre interações claras e produtivas com sistemas de IA e resultados equivocados que podem gerar grandes perdas.

A importância da clareza, precisão e empatia na construção de prompts foi destacada, assim como os riscos que surgem quando essa prática não é dominada.

Também abordamos a trilha de aprendizado necessária para quem deseja ser um engenheiro de prompt bem-sucedido, enfatizando a necessidade de iteração contínua, desenvolvimento de soft skills e afinidade com tecnologias emergentes.

A inteligência artificial está se tornando a base de diversas inovações, e a capacidade de criar prompts eficazes é uma das habilidades mais valiosas e promissoras da atualidade.

Ao dominar as técnicas e os princípios discutidos neste livro, você estará preparado para contribuir de maneira estratégica e ética em qualquer domínio que utilize IA, desde e-commerce até saúde, educação e muito mais.

Mas essa é apenas a primeira etapa da jornada. A coleção Inteligência Artificial: O Poder dos Dados, da qual este volume faz parte, foi desenvolvida para aprofundar seu conhecimento sobre diferentes aspectos da IA e das ciências de dados.

Cada livro oferece uma nova perspectiva, novas ferramentas e técnicas para lidar com desafios complexos. Ao explorar os outros volumes da coleção, você terá acesso a conteúdos avançados, que não apenas consolidarão sua expertise, mas também o posicionarão como um profissional indispensável em um mercado cada vez mais competitivo.

A inteligência artificial está transformando o mundo — e a maneira como interagimos com ela define o futuro. Não perca a oportunidade de se tornar um especialista nesse campo. Adquira os próximos volumes da coleção e continue sua trajetória rumo ao domínio completo da IA e das tecnologias de dados.

8   Referências bibliográficas.

BISHOP, C. (2006). Pattern Recognition and Machine Learning. Springer.

CHOLLET, F. (2021). Deep Learning with Python. Manning Publications.

DOMINGOS, P. (2015). The Master Algorithm: How the Quest for the Ultimate Learning Machine Will Remake Our World. Basic Books.

DUDA, R.; HART, P.; STORK, D. (2006). Pattern Classification. Wiley.

GERON, A. (2022). Hands-On Machine Learning with Scikit-Learn, Keras, and TensorFlow: Concepts, Tools, and Techniques to Build Intelligent Systems. O'Reilly Media.

GOLDBERG, Y. (2017). Neural Network Methods in Natural Language Processing. Morgan & Claypool Publishers.

KELLEHER, John D. (2019). Deep Learning. MIT Press.

JAMES, G.; WITTEN, D.; HASTIE, T.; TIBSHIRANI, R. (2021). An Introduction to Statistical Learning: With Applications in R. Springer.

JURAFSKY, D.; MARTIN, J. (2020). Speech and Language Processing: An Introduction to Natural Language Processing, Computational Linguistics, and Speech Recognition. Pearson.

KAPOOR, R.; MAHONEY, M. (2021). AI-Powered: How Prompt Engineering Transforms Data Into Knowledge. CRC Press.

LANGE, K. (2010). Optimization. Springer.

LECUN, Y.; BENGIO, Y. (2020). Advances in Neural Information Processing Systems. MIT Press.

MARR, B. (2018). Artificial Intelligence in Practice: How 50 Successful Companies Used AI and Prompt Engineering to Solve Problems. Wiley.

MITCHELL, T. (1997). Machine Learning. McGraw-Hill.

MOHAN, V. (2021). Mastering Prompt Engineering for AI Applications. Packt Publishing.

MULLER, A. C.; GUIDO, S. (2016). Introduction to Machine Learning with Python: A Guide for Data Scientists. O'Reilly Media.

MURPHY, K. (2012). Machine Learning: A Probabilistic Perspective. MIT Press.

PATTERSON, D.; HENNESSY, J. (2021). Computer Organization and Design: The Hardware/Software Interface. Morgan Kaufmann.

PINTO, M.V (2024 -1). Artificial Intelligence – Essential Guide. ISBN. 979-8322751175. Independently published. ASIN. B0D1N7TJL8.

RAGHU, M.; SCHMIDHUBER, J. (2020). AI Thinking: How Prompt Engineering Enhances Human-Computer Interaction. MIT Press.

RAJPUT, D. (2020). Artificial Intelligence and Machine Learning: Developing AI Solutions Using Prompt Engineering. BPB Publications.

RUSSELL, S.; NORVIG, P. (2020). Artificial Intelligence: A Modern Approach. Pearson.

SEN, S.; KAMEL, M. (2021). AI Design Patterns: Leveraging Prompt Engineering to Build Better AI Systems. Springer.

SMITH, B.; ERNST, A. (2021). Artificial Intelligence and the Future of Work: How Prompt Engineering Shapes Tomorrow's Jobs. Oxford University Press.

SUTTON, R.; BARTO, A. (2018). Reinforcement Learning: An Introduction. MIT Press.

TAO, Q. (2022). Artificial Intelligence Ethics and Prompt Engineering: Balancing Innovation with Responsibility. Routledge.

VANDERPLAS, J. (2016). Python Data Science Handbook: Essential Tools for Working with Data. O'Reilly Media.

ZHANG, Z.; DONG, Y. (2021). AI Systems: Foundations, Prompt Engineering, and Advanced Techniques. CRC Press.

9 Descubra a Coleção Completa "Inteligência Artificial e o Poder dos Dados" – Um Convite para Transformar sua Carreira e Conhecimento.

A Coleção "Inteligência Artificial e o Poder dos Dados" foi criada para quem deseja não apenas entender a Inteligência Artificial (IA), mas também aplicá-la de forma estratégica e prática.

Em uma série de volumes cuidadosamente elaborados, desvendo conceitos complexos de maneira clara e acessível, garantindo ao leitor uma compreensão completa da IA e de seu impacto nas sociedades modernas.

Não importa seu nível de familiaridade com o tema: esta coleção transforma o difícil em didático, o teórico em aplicável e o técnico em algo poderoso para sua carreira.

9.1 Por Que Comprar Esta Coleção?

Estamos vivendo uma revolução tecnológica sem precedentes, onde a IA é a força motriz em áreas como medicina, finanças, educação, governo e entretenimento.

A coleção "Inteligência Artificial e o Poder dos Dados" mergulha profundamente em todos esses setores, com exemplos práticos e reflexões que vão muito além dos conceitos tradicionais.

Você encontrará tanto o conhecimento técnico quanto as implicações éticas e sociais da IA incentivando você a ver essa tecnologia não apenas como uma ferramenta, mas como um verdadeiro agente de transformação.

Cada volume é uma peça fundamental deste quebra-cabeça inovador: do aprendizado de máquina à governança de dados e da ética à aplicação prática.

Com a orientação de um autor experiente, que combina pesquisa acadêmica com anos de atuação prática, esta coleção é mais do que um conjunto de livros – é um guia indispensável para quem quer navegar e se destacar nesse campo em expansão.

9.2   Público-Alvo desta Coleção?

Esta coleção é para todos que desejam ter um papel de destaque na era da IA:
- ✓ Profissionais da Tecnologia: recebem insights técnicos profundos para expandir suas habilidades.

- ✓ Estudantes e Curiosos: têm acesso a explicações claras que facilitam o entendimento do complexo universo da IA.

- ✓ Gestores, líderes empresariais e formuladores de políticas também se beneficiarão da visão estratégica sobre a IA, essencial para a tomada de decisões bem-informadas.

- ✓ Profissionais em Transição de Carreira: Profissionais em transição de carreira ou interessados em se especializar em IA encontram aqui um material completo para construir sua trajetória de aprendizado.

9.3   Muito Mais do Que Técnica – Uma Transformação Completa.

Esta coleção não é apenas uma série de livros técnicos; é uma ferramenta de crescimento intelectual e profissional.

Com ela, você vai muito além da teoria: cada volume convida a uma reflexão profunda sobre o futuro da humanidade em um mundo onde máquinas e algoritmos estão cada vez mais presentes.

Este é o seu convite para dominar o conhecimento que vai definir o futuro e se tornar parte da transformação que a Inteligência Artificial traz ao mundo.

Seja um líder em seu setor, domine as habilidades que o mercado exige e prepare-se para o futuro com a coleção "Inteligência Artificial e o Poder dos Dados".

Esta não é apenas uma compra; é um investimento decisivo na sua jornada de aprendizado e desenvolvimento profissional.

Prof. Marcão - Marcus Vinícius Pinto

Mestre em Tecnologia da Informação.
Especialista em Inteligência Artificial, Governança de Dados e Arquitetura de Informação.

10 Os Livros da Coleção.

10.1 Dados, Informação e Conhecimento na era da Inteligência Artificial.

Este livro explora de forma essencial as bases teóricas e práticas da Inteligência Artificial, desde a coleta de dados até sua transformação em inteligência. Ele foca, principalmente, no aprendizado de máquina, no treinamento de IA e nas redes neurais.

10.2 Dos Dados em Ouro: Como Transformar Informação em Sabedoria na Era da IA.

Este livro oferece uma análise crítica sobre a evolução da Inteligência Artificial, desde os dados brutos até a criação de sabedoria artificial, integrando redes neurais, aprendizado profundo e modelagem de conhecimento.

Apresenta exemplos práticos em saúde, finanças e educação, e aborda desafios éticos e técnicos.

10.3 Desafios e Limitações dos Dados na IA.

O livro oferece uma análise profunda sobre o papel dos dados no desenvolvimento da IA explorando temas como qualidade, viés, privacidade, segurança e escalabilidade com estudos de caso práticos em saúde, finanças e segurança pública.

10.4   Dados Históricos em Bases de Dados para IA: Estruturas, Preservação e Expurgo.

Este livro investiga como a gestão de dados históricos é essencial para o sucesso de projetos de IA. Aborda a relevância das normas ISO para garantir qualidade e segurança, além de analisar tendências e inovações no tratamento de dados.

10.5   Vocabulário Controlado para Dicionário de Dados: Um Guia Completo.

Este guia completo explora as vantagens e desafios da implementação de vocabulários controlados no contexto da IA e da ciência da informação. Com uma abordagem detalhada, aborda desde a nomeação de elementos de dados até as interações entre semântica e cognição.

10.6   Curadoria e Administração de Dados para a Era da IA.

Esta obra apresenta estratégias avançadas para transformar dados brutos em insights valiosos, com foco na curadoria meticulosa e administração eficiente dos dados. Além de soluções técnicas, aborda questões éticas e legais, capacitando o leitor a enfrentar os desafios complexos da informação.

10.7   Arquitetura de Informação.

A obra aborda a gestão de dados na era digital, combinando teoria e prática para criar sistemas de IA eficientes e escaláveis, com insights sobre modelagem e desafios éticos e legais.

10.8   Fundamentos: O Essencial para Dominar a Inteligência Artificial.

Uma obra essencial para quem deseja dominar os conceitos-chave da IA, com uma abordagem acessível e exemplos práticos. O livro explora inovações como Machine Learning e Processamento de Linguagem Natural, além dos desafios éticos e legais e oferece uma visão clara do impacto da IA em diversos setores.

10.9   LLMS - Modelos de Linguagem de Grande Escala.

Este guia essencial ajuda a compreender a revolução dos Modelos de Linguagem de Grande Escala (LLMs) na IA.

O livro explora a evolução dos GPTs e as últimas inovações em interação humano-computador, oferecendo insights práticos sobre seu impacto em setores como saúde, educação e finanças.

10.10   Machine Learning: Fundamentos e Avanços.

Este livro oferece uma visão abrangente sobre algoritmos supervisionados e não supervisionados, redes neurais profundas e aprendizado federado. Além de abordar questões de ética e explicabilidade dos modelos.

10.11   Por Dentro das Mentes Sintéticas.

Este livro revela como essas 'mentes sintéticas' estão redefinindo a criatividade, o trabalho e as interações humanas. Esta obra apresenta uma análise detalhada dos desafios e oportunidades proporcionados por essas tecnologias, explorando seu impacto profundo na sociedade.

10.12   A Questão dos Direitos Autorais.

Este livro convida o leitor a explorar o futuro da criatividade em um mundo onde a colaboração entre humanos e máquinas é uma realidade, abordando questões sobre autoria, originalidade e propriedade intelectual na era das IAs generativas.

10.13 1121 Perguntas e Respostas: Do Básico ao Complexo– Parte 1 A 4.

Organizadas em quatro volumes, estas perguntas servem como guias práticos essenciais para dominar os principais conceitos da IA.

A Parte 1 aborda informação, dados, geoprocessamento, a evolução da inteligência artificial, seus marcos históricos e conceitos básicos.

A Parte 2 aprofunda-se em conceitos complexos como aprendizado de máquina, processamento de linguagem natural, visão computacional, robótica e algoritmos de decisão.

A Parte 3 aborda questões como privacidade de dados, automação do trabalho e o impacto de modelos de linguagem de grande escala (LLMs).

Parte 4 explora o papel central dos dados na era da inteligência artificial, aprofundando os fundamentos da IA e suas aplicações em áreas como saúde mental, governo e combate à corrupção.

10.14 O Glossário Definitivo da Inteligência Artificial.

Este glossário apresenta mais de mil conceitos de inteligência artificial explicados de forma clara, abordando temas como Machine Learning, Processamento de Linguagem Natural, Visão Computacional e Ética em IA.

- A parte 1 contempla conceitos iniciados pelas letras de A a D.

- A parte 2 contempla conceitos iniciados pelas letras de E a M.
- A parte 3 contempla conceitos iniciados pelas letras de N a Z.

10.15 Engenharia de Prompt - Volumes 1 a 6.

Esta coleção abrange todos os fundamentos da engenharia de prompt, proporcionando uma base completa para o desenvolvimento profissional.

Com uma rica variedade de prompts para áreas como liderança, marketing digital e tecnologia da informação, oferece exemplos práticos para melhorar a clareza, a tomada de decisões e obter insights valiosos.

Os volumes abordam os seguintes assuntos:

- Volume 1: Fundamentos. Conceitos Estruturadores e História da Engenharia de Prompt.
- Volume 2: Segurança e Privacidade em IA.
- Volume 3: Modelos de Linguagem, Tokenização e Métodos de Treinamento.
- Volume 4: Como Fazer Perguntas Corretas.
- Volume 5: Estudos de Casos e Erros.
- Volume 6: Os Melhores Prompts.

10.16 Guia para ser um Engenheiro De Prompt – Volumes 1 e 2.

A coleção explora os fundamentos avançados e as habilidades necessárias para ser um engenheiro de prompt bem-sucedido, destacando os benefícios, riscos e o papel crítico que essa função desempenha no desenvolvimento da inteligência artificial.

O Volume 1 aborda a elaboração de prompts eficazes, enquanto o Volume 2 é um guia para compreender e aplicar os fundamentos da Engenharia de Prompt.

10.17 Governança de Dados com IA – Volumes 1 a 3.

Descubra como implementar uma governança de dados eficaz com esta coleção abrangente. Oferecendo orientações práticas, esta coleção abrange desde a arquitetura e organização de dados até a proteção e garantia de qualidade, proporcionando uma visão completa para transformar dados em ativos estratégicos.

O volume 1 aborda as práticas e regulações. O volume 2 explora em profundidade os processos, técnicas e melhores práticas para realizar auditorias eficazes em modelos de dados. O volume 3 é seu guia definitivo para implantação da governança de dados com IA.

10.18 Governança de Algoritmos.

Este livro analisa o impacto dos algoritmos na sociedade, explorando seus fundamentos e abordando questões éticas e regulatórias. Aborda transparência, accountability e vieses, com soluções práticas para auditar e monitorar algoritmos em setores como finanças, saúde e educação.

10.19 De Profissional de Ti para Expert em IA: O Guia Definitivo para uma Transição de Carreira Bem-Sucedida.

Para profissionais de Tecnologia da Informação, a transição para a IA representa uma oportunidade única de aprimorar habilidades e contribuir para o desenvolvimento de soluções inovadoras que moldam o futuro.

Neste livro, investigamos os motivos para fazer essa transição, as habilidades essenciais, a melhor trilha de aprendizado e as perspectivas para o futuro do mercado de trabalho em TI.

10.20 Liderança Inteligente com IA: Transforme sua Equipe e Impulsione Resultados.

Este livro revela como a inteligência artificial pode revolucionar a gestão de equipes e maximizar o desempenho organizacional.

Combinando técnicas de liderança tradicionais com insights proporcionados pela IA, como a liderança baseada em análise preditiva, você aprenderá a otimizar processos, tomar decisões mais estratégicas e criar equipes mais eficientes e engajadas.

10.21 Impactos e Transformações: Coleção Completa.

Esta coleção oferece uma análise abrangente e multifacetada das transformações provocadas pela Inteligência Artificial na sociedade contemporânea.

- Volume 1: Desafios e Soluções na Detecção de Textos Gerados por Inteligência Artificial.
- Volume 2: A Era das Bolhas de Filtro. Inteligência Artificial e a Ilusão de Liberdade.
- Volume 3: Criação de Conteúdo com IA - Como Fazer?
- Volume 4: A Singularidade Está Mais Próxima do que Você Imagina.
- Volume 5: Burrice Humana versus Inteligência Artificial.
- Volume 6: A Era da Burrice! Um Culto à Estupidez?
- Volume 7: Autonomia em Movimento: A Revolução dos Veículos Inteligentes.
- Volume 8: Poiesis e Criatividade com IA.
- Volume 9: Dupla perfeita: IA + automação.

- Volume 10: Quem detém o poder dos dados?

10.22 Big Data com IA: Coleção Completa.

A coleção aborda desde os fundamentos tecnológicos e a arquitetura de Big Data até a administração e o glossário de termos técnicos essenciais.

A coleção também discute o futuro da relação da humanidade com o enorme volume de dados gerados nas bases de dados de treinamento em estruturação de Big Data.

- Volume 1: Fundamentos.
- Volume 2: Arquitetura.
- Volume 3: Implementação.
- Volume 4: Administração.
- Volume 5: Temas Essenciais e Definições.
- Volume 6: Data Warehouse, Big Data e IA.

11 Sobre o Autor.

Sou Marcus Pinto, mais conhecido como Prof. Marcão, especialista em tecnologia da informação, arquitetura da informação e inteligência artificial.

Com mais de quatro décadas de atuação e pesquisa dedicadas, construí uma trajetória sólida e reconhecida, sempre focada em tornar o conhecimento técnico acessível e aplicável a todos os que buscam entender e se destacar nesse campo transformador.

Minha experiência abrange consultoria estratégica, educação e autoria, além de uma atuação extensa como analista de arquitetura de informação.

Essa vivência me capacita a oferecer soluções inovadoras e adaptadas às necessidades em constante evolução do mercado tecnológico, antecipando tendências e criando pontes entre o saber técnico e o impacto prático.

Ao longo dos anos, desenvolvi uma expertise abrangente e aprofundada em dados, inteligência artificial e governança da informação – áreas que se tornaram essenciais para a construção de sistemas robustos e seguros, capazes de lidar com o vasto volume de dados que molda o mundo atual.

Minha coleção de livros, disponível na Amazon, reflete essa expertise, abordando temas como Governança de Dados, Big Data e Inteligência Artificial com um enfoque claro em aplicações práticas e visão estratégica.

Autor de mais de 150 livros, investigo o impacto da inteligência artificial em múltiplas esferas, explorando desde suas bases técnicas até as questões éticas que se tornam cada vez mais urgentes com a adoção dessa tecnologia em larga escala.

Em minhas palestras e mentorias, compartilho não apenas o valor da IA, mas também os desafios e responsabilidades que acompanham sua implementação – elementos que considero essenciais para uma adoção ética e consciente.

Acredito que a evolução tecnológica é um caminho inevitável. Meus livros são uma proposta de guia nesse trajeto, oferecendo insights profundos e acessíveis para quem deseja não apenas entender, mas dominar as tecnologias do futuro.

Com um olhar focado na educação e no desenvolvimento humano, convido você a se unir a mim nessa jornada transformadora, explorando as possibilidades e desafios que essa era digital nos reserva.

12 Como Contatar o Prof. Marcão.

12.1 Para palestras, treinamento e mentoria empresarial.

marcao.tecno@gmail.com

12.2 Prof. Marcão, no Linkedin.

https://bit.ly/linkedin_profmarcao

www.ingramcontent.com/pod-product-compliance
Lightning Source LLC
LaVergne TN
LVHW051706050326
832903LV00032B/4035